Caroline Rusch

Lieben und Leben ab 40

Caroline Rusch

Lieben und Leben ab 40

mvg Verlag

Bibliografische Information der Deutschen Nationalbibliothek

Die Deutsche Nationalbibliothek verzeichnet diese Publikation in der Deutschen Nationalbibliografie.
Detaillierte bibliografische Daten sind im Internet über http://dnb.d-nb.de abrufbar.

© 2008 bei mvgVerlag, FinanzBuch Verlag GmbH, München.
www.mvg-verlag.de

Alle Rechte, insbesondere das Recht der Vervielfältigung und Verbreitung sowie der Übersetzung, vorbehalten. Kein Teil des Werkes darf in irgendeiner Form (durch Fotokopie, Mikrofilm oder ein anderes Verfahren) ohne schriftliche Genehmigung des Verlages reproduziert oder unter Verwendung elektronischer Systeme gespeichert, verarbeitet, vervielfältigt oder verbreitet werden.

Umschlaggestaltung: Atelier Seidel – Verlagsgrafik, Teising
Umschlagabbildung: Mauritius Images, Mittenwald
Satz: Manfred Zech, Landsberg am Lech
Druck und Bindearbeiten: CPI – Ebner & Spiegel, Ulm
Printed in Germany
ISBN 978-3-636-06400-4

Inhalt

Vorwort 7

Erwachsenwerden ist soo schwer … 9

Lebensgefühl 15

Background – Generation Golf und Girlie 25

Bilanzen 37

Chancen, Träume, Karrieren? 53

Männer & Lover 67

Kleine Kinder, keine Kinder & große Kinder 123

Persönlichkeit 145

Bin ich schön? 159

Ressourcen 171

Friends & Lovers 203

Humor und Schluss 213

Vorwort

Das Tückische an Büchern dieser Art ist ihr optimistischer Tenor. »Vierzig? Wie herrlich!« Doch die Freude hält sich in Wirklichkeit ziemlich in Grenzen. Kaum je wird man einen solchen Jubelschrei im Alltags- und Beziehungsdschungel vernehmen – auch dann nicht, wenn eine Frau sich in jeder Hinsicht wohlfühlt in ihrer Haut. Im Gegenteil, es klingt doch meist wie das Pfeifen im Walde. Weil man eigentlich Angst hat, was auf einen zukommt: Was denn? Was für eine Frage! Als ob *frau* es nicht genau wüsste ... Hören wir schon das Gras wachsen und sehen uns ab dem heutigen Tag im Zeitraffer altern – mit all seinen höchst unliebsamen Konsequenzen? Unliebsam jedoch hauptsächlich im Hinblick auf das ewige Thema der sexuellen Attraktivität ... An diverse körperliche Zipperlein denken wir noch lange nicht, was nur zu verstehen ist.

Also anders übersetzt: Die Bangigkeit hat stets mit dem Selbstverständnis als Frau zu tun – um genau zu sein, nicht mit der eigenen, sondern mit der »Fremdwahrnehmung« als Frau ... Sprich: »Wer schaut mir noch nach?« Diese Angst hat also weniger zu tun mit einem Bewusstsein als Mensch oder als Persönlichkeit, die damit untrennbar verbunden ist. An diesem Punkt gilt es einmal innezuhalten. Sind wir denn nicht mehr ganz bei Trost? Als ob es nichts anderes auf der Welt gäbe als Schönheit und erotische Attraktivität, als Liebe, Begehren, Bindung. Und warum sollten Liebe und Sex allein dem makellosen Körper vorbehalten sein? Wir wissen doch aus eigener Erfahrung, dass dies kompletter Unsinn ist. Vielleicht geht es ja erst los ...

Etwas mehr Wahrnehmung, Sensibilisierung und mehr Selbstwertgefühl wäre angesichts der Geburtstagstorte daher dringend angebracht. All dies sollte man jetzt lernen, wenn man es immer noch nicht kann. Wir Frauen denken leider einseitig mittelfristig in die Zukunft – insbesondere die unseres Aussehens oder genauer: Sex-Appeals. Schließlich ist das ein Pfund, mit dem man wenigstens einigermaßen wuchern konnte. Im Supermarkt der Eitelkeiten nimmt dies leider stetig ab. Vierzig ist natürlich nicht das Ende. Hinter dieser Zahl steht eine weitere, eine macht (noch) banger als die andere. Warum eigentlich?

Erwachsenwerden ist soo schwer ...

»Ich bin vierzig, aber ich bin noch ein Kind«, haucht Carla Bruni-Sarkozy mit reichlich untermaltem Pling-Pling auf ihrer ersten CD als Frankreichs Präsidentengattin. Auf diese Aussage haben wir nur gewartet! Sie darf das, denn viele Ex-Girlies fühlen ebenso. Schade nur, dass man die schmollmundige Kindlichkeit nicht im Élysée-Palast ausleben darf, sondern in Bottrop, im wirklichen Leben.

Die Vierzigerin passt heute in kein Schema mehr. Manche begrüßen diese Freiheit, anderen wird es genau deshalb manchmal mulmig. Wir haben so viele Möglichkeiten, die es gilt, unter einen Hut zu bringen, und sei es nur ein Wir-Gefühl. Von der jungen Mutter zur Karrierefrau mit blutjungem Lover – die ganze Bandbreite dazwischen decken wir Vierzigerinnen mühelos ab, was die Orientierung auch für einen selbst manchmal kompliziert macht. Verbindliche Rezepte gibt es leider nicht: Heutzutage ist nicht nur das Frauenleben als solches ziemlich schwierig.

Ein Grund mag schon darin liegen, dass die Leutchen ewig nicht erwachsen werden wollen. Dass diese in den Medien oft beschworene Tatsache einige Probleme und vor allem recht unsanfte Bauchlandungen mit sich bringt, haben wir alle auf die eine oder andere Weise bereits erfahren. Neidisch auf die Jüngeren brauchen wir Vierziger dennoch nicht sein: Denn schon die Dekade vor uns hat es, will man den Publikationen zum Thema glauben, ganz schön kompliziert, sie empfindet die Last des Daseins schwer auf den Schultern. Oder gehört das Lamentieren zum kindlichen Trotz, der sich vor dem eisigen Wind der Verantwortung fürchtet? Hin wie her: Diese Generation fragt sich wie Kathrin Lenzer, die Chefredakteurin der *Westfälischen Rundschau* in manchmal komischer Ratlosigkeit: »30 – und wie weiter«? Ihr Thema sind also die Verheißungen und das »Elend des Erwachsenwerdens« – was beinah so klingt, als sei dies immer noch in der Perspektive eines Teenagers geschrieben.

Selbstverständlich ist die seelische und emotionale Reife ein langwieriger Prozess, das ist nicht zu leugnen. Welche Frau aber will denn schon »reif« sein? Seien wir ehrlich: Das klingt immer so verdächtig nach baldigem Verfallsdatum. Nur zu verständlich. Während der Mann unverdrossen kindisch bleiben darf und dabei noch »jungenhaft« wirkt, winkt einer Frau, die sich selbst ja noch kaum als erwachsen beziehungsweise immer noch mitten in diesem Prozess empfindet, bereits ab vierzig schon »das Alter«. Huh! Das Schreckgespenst mit all seinen fürchterlichen Kumpanen, darunter die Angst vor rapide nachlassender sexueller Attraktivität, holt uns sozusagen aus dem bunten Sandkasten heraus, in dem wir das Leben von Erwachsenen zu spielen hofften – und doch selbst daran nicht glaubten.

Oft ist dieses Sandburgengetue natürlich die schiere Koketterie der Verzweiflung. Aber umsonst, die Zeiger der Uhr rücken weiter, unerbittlich. *Fugit irreparabile tempus* – es flieht uneinholbar die Zeit, sagte bereits der große Frauenkenner und römische Dichter Ovid, der auch wusste: *Keinem bleibt seine Gestalt.* Jetzt jedenfalls ist es so weit. Morgen werden wir vierzig. Und was dann? Muss man denn da so viel Aufheben darum machen?

Neue deutsche Mädchen

Eher nicht. Am liebsten wäre es den Frauen, das Alter an und für sich wäre überhaupt kein Thema. Um jenem drohenden Verfallsdatum, das man uns gerne anheftet, gar nicht erst begegnen zu müssen, versucht man, das Alter ganz einfach zu negieren – und hofft dadurch, auf diese Weise davonzukommen. Doch auch *Neue deutsche Mädchen* – so der Titel des vor Kurzem erschienenen Buches von Jana Hensel und Elisabeth Raether – bleiben wacker ewig jung. Dieses Buch porträtiert ebenfalls Frauen »so um die dreißig«, die das Girlie ja bis auf Weiteres schon im Titel verinnerlicht haben dürften. Dieses Wegschieben der lästigen Zahlen funktioniert zwar nicht auf Dauer, allerdings doch eine ganze Weile lang – solange man uns das Alter noch nicht ansieht. Aber irgendwann ist auch für die ewig gefühlte Jugend Schluss – auch wenn sich das Mädel aufs Beste konserviert hat. Muss man deshalb mit der unvergesslichen Knef an seinem Vierzigsten singen: *Von nun an ging's bergab?*

Je heftiger man zum Beispiel das Thema Alter abwehrt, wie dies die große, schöne Diva Hannelore Elsner in Interviews mittlerweile tut, umso unbarmherziger wird seitens der Journalisten daraufgehalten. Um jedoch mehr Selbstbewusstsein zu zeigen und eine andere Perspektive einzunehmen, muss die eigene Bereitschaft der Frauen wachsen, sich auch noch anders zu definieren als über typisch weibliche Attribute und Attitüden. Als da wären: Schönheit, Begehren, erotische Attraktion, Konkurrenzverhalten. Die Liebe in all ihren Facetten eben ...

Wir Frauen selbst sind schließlich nicht unsere kleinsten Hindernisse auf dem Weg zu einem gelasseneren Umgang mit der reiferen Gangart. Diese fröhliche Distanz fehlt ganz offensichtlich, sonst würde sie nicht alle naselang von entsprechenden Zeitungen wie etwa *Brigitte Woman* betont. Deren Mantra der Gelassenheit heißt: Keine Angst haben. Die ständige Betonung dessen aber deutet doch auf die dahinter lauernde Nervosität.

Jedenfalls ist der Tag noch weit entfernt, an dem das Alter einer Frau und das Alter eines Mannes »gleich« bewertet werden. Die Gründe dafür sind vielfältig, sie sind gesellschaftlich und biologisch zu erklären und werden auch hier, wo es sinnvoll ist, angesprochen werden. Insofern möchte ich mit diesem Buch auch einen manchmal notwendigen seelischen Beistand leisten, ganz so, wie es unter guten Freundinnen üblich ist. Dazu gehört auch die Fähigkeit zur nüchternen, unsentimentalen und vor allem selbstkritischen Bilanz. Dazu gehören Humor, Ehrlichkeit – und auch schon mal ein Kompliment zum couragierten »Backup«.

Bunte Vielfalt der Lebensentwürfe

Unsere Situation stellt sich verschieden dar: Manche von uns haben vieles erreicht in diesem Alter. Beruflich engagiert, auf der Höhe ihrer kreativen Kraft und Produktivität. Man hält uns wenigstens nicht mehr für jung und dumm. Wir dürfen auch die Zähne zeigen, was uns in früheren Jahren gleich als »unweiblich« um die Ohren gehauen worden wäre. Wir haben durchaus eine gewisse Autorität entwickelt, genießen Respekt, der uns allerdings manchmal auch nagende Sorgen bereitet. Dann nämlich, wenn all diese an sich positiven Eigenschaften mit unserem Selbstbild als Frau beziehungsweise als erotisches Wesen kollidieren. Dann fragt man sich: Wie werde ich wahrgenommen? Werde ich überhaupt noch wahrgenommen? Oder beginne ich allmählich, wie es neulich in einer Frauenzeitschrift hieß, »unsichtbar« für die Männerwelt zu werden?

Manche von uns sitzen traurig oder kleinlaut auf den Resten ihrer groß angelegten Lebensentwürfe. Die Karriere lief nicht so wie gewünscht, man rettet sich in Fatalismus und Esoterik. Der Mann hat einen wegen einer jüngeren Frau verlassen. Die Familie hat man einem Job geopfert, der einem jetzt nur mehr Magenschmerzen bereitet. Der Erfolg hat sich nicht eingestellt, die Gründe liegen sowohl in uns selbst als auch an äußeren Faktoren. Und uns alle bewegt die Frage: Was wird, was kann sich noch ändern in unserem Alter? Denn so jung wir uns auch fühlen mögen, Veränderungen scheuen wir schon, seit wir dreißig wurden.

Manche Frauen gewinnen in diesem Alter wieder ihre Freiheit, sei es durch eine Scheidung, sei es, weil die Kinder groß werden. Wieder andere haben sich erst vor Kurzem ins Abenteuer der Mutterschaft gestürzt. Andere sehen sich, wenn nicht ein Wunder geschieht, zwar anerkannt im Beruf, aber ohne einen Partner diese und auch die nächste Geburtstagstorte anschneiden. Wo sollte man den Mann fürs Leben finden, wenn schon bei *Parship* nichts läuft?

Ich möchte Ihnen hier in diesem Buch auch einige Schwestern im Herrn, also ganz verschiedene Vierzigerinnen vorstellen, die erzählen, wie sie Schlag 12 der Zahl 40 begegnen wollen und können ... – und anhand ihrer Erlebnisse und Erfahrungen ein Bild zu zeichnen versuchen. Warum es so schön und produktiv ist, vierzig zu sein – und warum auch schwer, weil kompliziert. Na und? Ohne Mut geht es einfach nicht ... Dass man dabei auch unnützen Gedankenballast über Bord werfen muss, versteht sich von selbst. Aber was ein tapferes Piratenmädchen ist, schafft das schon.

Lebensgefühl

Vierzig zu werden, »so um die vierzig« oder in den Vierzigern zu sein, ist heute in vielerlei Hinsicht anders als früher: Schon allein deshalb, weil heute so viele Varianten eines Lebensentwurfs möglich sind, die noch vor dreißig Jahren angeeckt hätten. Oder erst gar nicht denkbar gewesen wären: Frau wird heute vierzig als bekennender oder sehnsüchtiger Single, ohne eigene Familie, dafür unter Umständen mit Eltern, um die sie sich kümmert, in einer mehr oder minder ausbaufähigen Wochenendbeziehung oder in einer Frauen-Wohngemeinschaft, allein- oder patchworkerziehend, in einer »ganz normalen Ehe«, die allerdings mit hohen Ansprüchen, was Selbstständigkeit einerseits, was Spannung und Innigkeit andererseits betrifft, einhergeht. Oft finden wir daher die Vierzigerin das erste Mal geschieden. Oder sie hat endlich ihre Lebensgefährtin geheiratet und sie ziehen gemeinsam ein Kind auf. Die Palette ist freilich reicher, bunter, vielfältiger – aber deshalb nicht unbedingt einfacher geworden.

Selbstbild und Perspektive

Der Beruf »Hausfrau und Mutter« ist selten geworden. Nicht dass er ausgestorben wäre, aber es gibt ihn meist nur mehr in unbezahlter Teilzeit. Das, was unsere Mütter und Großmütter oft noch ausschließlich waren, wird schon längst mit anderen Tätigkeiten geteilt, die das nötige Auskommen garantieren. Eine Frau wird heute meist vierzig in einem Beruf. Sie verdient ihr eigenes Geld – oder je nach Verdienst mit mehreren kleinen Jobs.

Oft hat sie eine sehr gute akademische Ausbildung genossen. Doch wie sieht sich die Vierzigerin selbst?

Eines nämlich hat sich dennoch nicht verändert: Es kommt bei der Beurteilung dieses Alters immer auf den jeweiligen Blickwinkel an. Für ihre älteren Geschwister bleibt die Vierzigerin immer klein und doof. Das ist ehernes Gesetz und bleibt auch so, bis sie jenseits der siebzig sein wird. Für ihre Kinder oder Schüler hingegen ist sie längst schon Madame Methusalem und sollte sich gefälligst auch so benehmen. Also im Klartext: Discos und Clubs am besten weiträumig umfahren, sich weder jugendkulturell noch berufsjugendlich bei ihnen anbiedern und wenig bis gar kein Verständnis signalisieren: Kurz: sich einfach *altersgemäß* verhalten.

Girlies und Frauen

Aber was bedeutet genau das, das altersgemäße Verhalten nämlich, in Zeiten einer ins Unendliche verlängerten Adoleszenz von »Girlies«, Gewächsen, die sich im postfeministischen Zeitalter so unheimlich unverwüstlich geben wie die unheimlich rote Flar-Savr-Tomate? Wie könnte man das Selbstbild der Generation einerseits, wie die individuelle Befindlichkeit andererseits eingrenzen? Und was sind dabei lästige generelle Fragen wie etwa die Einstellung zum eigenen Alter, die ja schon Neunzehnjährige in tiefe Altersdepressionen stürzen kann? »Alt werden« ist ab dem noch mit Sehsucht erwarteten Zeitpunkt, da man endlich volljährig wurde und seinen Eltern verbieten konnte, sich beim Elternsprechtag über die Leistungen zu informieren, ein echter Horror.

Und das kann doch einfach nicht sein, finden wir Vierzigerinnen. Schließlich betrifft dies nur eine Hälfte der Menschheit, nämlich uns Frauen. George Clooney wird ganz rechtens auch noch jenseits der sechzig die Frauen reihenweise bezaubern. Jede findet es toll, wenn er in der Bar am Tresen lehnt und sich etwas Hübsches für den Abend ausguckt ... Das kann noch ernst werden, sprich: eine echte Tragödie ... Mittlerweile jedoch ist es ein Filmkomödiensujet, wenn aus der Sicht der Sprösslinge peinlich lebenslustige Mamas mit vierzig plus – hässlich, hässlich – auf der Suche nach einem neuen Lover noch um die Häuser ziehen, ohne ihren pubertären und oftmals spießigen Nachwuchs darob eigens um Erlaubnis gefragt zu haben.

Oft haben die Kids ja recht, aber wollen wir das so genau wissen? Junge Leute sind bekanntermaßen ehrlich und mitunter grausam. Doch das waren wir nicht minder, als wir unbesiegbare sechzehn Jahre jung waren und uns über das Anti-Falten-Arsenal im Badezimmer einer damals dreißigjährigen – also uralten! – Schönen abscheulich mokierten? Das Schöne an solchen Situationen ist, dass sich noch jede Sottise am eigenen Leibe gerächt hat: Jetzt benutzen wir dieselben Cremes, waschen unsere zunehmend dünneren, vom Festiger der Achtziger und Neunziger zerrütteten Flusen mit dem verräterischen »pro age«, haben locker zehn Jahre mehr auf dem Buckel und verbitten uns blöde Sprüche. So um die dreißig? Ja und?

Subjektive Einschätzung

Das zeigt schon das Dilemma, das tröstlicherweise nicht nur unseres ist, sondern im Grunde das eines jeden Lebensalters: Es handelt sich dabei stets um eine *subjektive* Einschätzung seiner selbst – und nicht immer hat diese mit der Realität besonders viel zu tun. Mit vierzig ist man einfach nicht mehr jung – wenn man die Gleichung jung gleich makellos setzt. Wenn man

Jugend allein im Sinne der Attraktivität eines jungen Körpers fürs andere Geschlecht begreift. Daraus ist in den Zeiten des Jugendwahns, der dank der Demoskopie-Urne seinen Zenit wohl schon überschritten hat, eine regelrechte Hysterie geworden, die aus Dreißigjährigen bereits angehende Senioren beziehungsweise Seniorinnen machte. Als Antidot wurde dann das harmlose, alterslose Girlie aus der kapriziösen wie kurzlebigen Zicke geboren, die übrigens allen Geschlechtern abscheulich auf die Nerven ging.

Eine schöne alte Schachtel

In diesem Sinne kann man sich doch über seine vierzig freuen. Weil man in diesem biblischen Alter doch das Ärgste an Definitionsbedarf schon hinter sich hat. Man ist, wie ein Mann aus meiner Bekanntschaft es so galant formulierte, nun »eine schöne reife Frau«. Das klingt wunderbar, finde ich zumindest – und genau so war das Kompliment auch gemeint gewesen. Ich persönlich fand auch den launigen Geburtstagsgruß: »Du bist eine alte Schachtel – aber eine schöne alte Schachtel«, ebenfalls ganz reizend. Aber nicht jeder versteht diesen Sinn für Humor – auch wenn man ihn künftig mehr brauchen wird als alles andere. Schöne reife Frauen könnten wir bleiben, nicht wahr? Tun wir aber leider nicht. Wir sollten uns daher mit grimmigem Mut für weitere Geburtstagstorten rüsten.

Was ist eigentlich jung?

Angesichts humorloser, fader und früh vergreister Mittzwanzigerinnen kann man über diese Frage durchaus ins Grübeln geraten. Mit einem freudigen Ergebnis: Die sind ja schon richtig alt – sprich: bequem, gesetzt, ängstlich. Und wir? Na, nicht ganz so ... Wohl aber sind wir jung – und das auch sicherlich noch ein paar Jahre, wenn man zur Abwechslung noch ein paar andere schöne Eigenschaften, welche mit Jugend assoziiert werden, ins Feld führt. Als da wären Attribute wie neugierig, offen, anspruchsvoll, mutig, risikofreudig, lustig und mit gehöriger Energie gesegnet. Vielen Frauen geht es wesentlich besser als damals, als sie blühende achtzehn waren. Kaum eine wollte noch mal den ganzen Zimt durchmachen, noch nicht einmal um den Preis einer Porzellanhaut. Alt machen uns neben den Falten vor allem andere Dinge: eine eingefahrene Beziehung, ausgetretene Pfade, die Einbahnstraße Egozentrismus, Desinteresse an der Welt, an unseren Mitmenschen, Rechthaberei und Sturheit, eine dauerhaft unbefriedigende berufliche Situation oder dergleichen verrunzelte Gesellen mehr.

Schöner altern

Gegen das Altern unseres Körpers können wir nichts tun, wir können es allenfalls um ein paar Jahre hinauszögern, mögen uns dies auch die vielen Werbestrecken in Zeitungen, die gerade doch die *Attraktivität* der reifen Frau betonen wollen, unverdrossen suggerieren. Man kann eigentlich beim Altern nur besser aussehen als früher – jung bleiben geht, zumindest von außen betrachtet, nicht ewig. Basta. Die Hoffnung bleibt vergebens, es sei denn, man ließe sich eine Botox-Pipeline legen. Und wer will das schon? Doch zweifellos kann man sich auch ohne Perfektionsanspruch noch ganz gut sehen, hören und fühlen lassen. Und erst das zusammen ergibt dann die Summe, die da heißt »reife Frau«.

Das kann man, wie wir tagtäglich hören und sehen, dann gut und gerne zwanzig Jahre lang bleiben. Danach aber wird es auch in dieser ökologischen Nische eng. Wenn nicht wesentlich mehr dazukommt und man allein auf Attraktivität und Schönheit abonniert war. Allenfalls wartet dann die Charakterrolle – wozu dann wieder Benjamin Franklins schöne Meditation über den Vorteil einer älteren Frau passt: »Wenn die Frauen nicht mehr schön sind, werden sie gut.« Traurig, aber wahr: Einer schönen Frau, also *per definitionem* einer, die es sich noch leisten konnte, kapriziös und grausam zu sein, wird das Altern von einer voyeuristischen Gesellschaft nur schwer verziehen. Es ist eine Tragödie, die Greta Garbo dazu zwang, sich jahrzehntelang mit grässlichen Mützen und Sonnenbrillen vor der Öffentlichkeit zu verstecken.

Gut siehst du aus!

Aber es sind nicht nur die Blicke hämischer Paparazzi, denen die Normalverbraucherin doch eher selten begegnet. Frauen sind äußerst aufmerksame Beobachterinnen, denen keine Runzel und kein gefärbter Schopf bei einer anderen entgehen. Wir Frauen bleiben im harten Konkurrenzkampf, bis wir im Betreuten Wohnen sitzen und uns um die verbliebenen Witwer mit Dackel streiten. Jede Frau, mag ihr Naturell auch noch so lieb und gut sein, taxiert sogar das Gesicht ihrer besten Freundin auf Zeichen des Alterns – und weiß sich, wenn sie klug ist, umgekehrt genauso taxiert: »Zu dumm, dass ich mich nicht noch geschminkt hab, bevor ich aus dem Haus gegangen bin. Jetzt wird es heißen: Ist die aber alt geworden!« Worauf Sie sich verlassen können …

Das Alter der anderen

Diese Momente des gegenseitigen Ausforschens sind, wenn man darüber nachdenkt, eine merkwürdige Mischung. Sie bestehen aus einer Melange aus Mitgefühl, Neugierde und einer mit Hoffnung gemischten Freude darüber, was die Zeit in *anderen* Gesichtern anrichtet. Hinzu kommt die Hoffnung beziehungsweise die ehrliche Überzeugung, dass das Alter bei einem selbst nicht ganz so augenfällig ist. Insbesondere in solchen Situationen, wenn man sich länger nicht gesehen hat und das Werk des vergangenen Jahrs nun beiderseits ausgiebig studieren kann, kann man in den Gesichtern doch ganze Bücher lesen. Danach geht man aufs Herzlichste auseinander, nicht ohne ein im Brustton der Überzeugung vorgebrachtes, herzhaftes: »Gut schaust du aus!«

Bei manchen Freundinnen weiß man freilich, dass sie einem *immer* etwas Liebes sagen würden – was dann leider auch Rückschlüsse auf den Wahrheitsgehalt einer solchen Aussage zulässt. Manchmal sagt man diesen Satz auch selbst – in der stillen Hoffnung, dass sich das Erstaunen im Blick des Gegenübers wenigstens auf ein mattes: »Du auch!«, herunterkürzen lässt. Wo bleibt sie nur, die Barmherzigkeit der Mädels, mit denen man doch immerhin auf der Love-Parade herumgehopst ist? Wo bleibt die schwesterliche Nächstenliebe? Zur Beruhigung: Natürlich gibt es auch das ehrliche Erstaunen darüber, dass die andere noch kaum Falten hat, während man selbst schon einigermaßen zerklüftet durch die Gegend rennt. Dafür wird man sich aber an anderen Defiziten entsprechend schadlos halten ... Es gibt genug – und es kommen immer mehr dazu.

Vorsicht: Augenblicke ...

Warum spreche ich bei der abfälligen Beurteilung der Frau in erster Linie die Frauen selbst an, deren Solidarität oft ziemlich zu wünschen übrig lässt? Die Männer, so jedenfalls meine Erfahrung, sehen nicht so genau beziehungsweise unbarmherzig hin. Bei unseren Genossinnen jedoch herrscht das genaue Gegenteil: Neben zahllosen eigenen Erlebnissen in dieser Hinsicht suggerierte dies stellvertretend für alle lieben Freundinnen auch der Beitrag »Augenblicke« im Magazin der SZ. Von diesem Artikel kann man sich längere Zeit gar nicht erholen, denn man weiß, dass er leider in weiten Teilen stimmt ...

Buchstäblich jeder Augenblick einer Frau wurde genau als dieses Taxieren karikiert. Als ein Ausdruck ständigen Konkurrenzgebarens, als kindisches Ausstechen-Wollen der bösen anderen, als das maulende Credo: »Das will ich auch haben, was die hat! Wieso hat die das und nicht ich?« Das ist leider keine üble Nachrede, sondern nur allzu oft wahr: Frauen selbst sorgen ausgiebig für Häme und Neid untereinander, Frauen thematisieren das Alter der Konkurrentinnen subtiler, sie freuen sich daher ehrlich über jedes Zeichen des Alters – bei *anderen*. Angesichts eines nagelneuen Jahresrings am Hals der Ex vom schönen Peter eilt man durchaus beschwingt nach Hause ... Vorsicht: Man weiß Gott sei dank niemals, wie man selbst wirklich aussieht, das Spiegelbild gibt uns eben doch ganz verkehrt wieder. Also wäre schon ein bisschen Demut angesagt.

Gefühlte Jugend

Fakt ist: Wir *fühlen* uns jung – und das dürfen wir auch getrost. Wer wollte uns auch vorschreiben, wie wir uns zu fühlen haben? Wir sind heute gesünder ernährt, besser ausgebildet, fitter und hübscher, als Frauen je in diesem Alter waren. Na ja, die alten Hippiemädels mal ausgenommen. Aber die Zeiten sind noch nicht lange her, als man mit Mitte zwanzig als eine alte Jungfer galt, deren Aussichten auf eine Heirat so rasch dahinwelkte wie der Klatschmohn. Im Mittelalter wären wir in diesem unseren Alter schon längst zahnlos, entweder unter der Erde oder – natürlich nur bei nicht alterskonformem, sprich forderndem aufmüpfigen oder allzu wolllüstigen Gebaren – auf dem Scheiterhaufen gelandet.

In den Nachkriegs- und Aufbaujahren war es die fleißige Hausfrau, die ohnehin gänzlich alterslos wirkte in ihrer Perlon- oder Dralon-Uniform, der praktischen Kittelschürze. Ob fünfundzwanzig, dreißig oder vierzig Jahre alt: Im »Häuslichen Ratgeber« bewahrte sie eine stählerne Untadeligkeit einer Dame. Sie war sozusagen die Fleisch gewordene Wachstuchdecke: Stets tadellos, nett und adrett. Vor allem wusste sie auch noch, was sich Männern gegenüber gehört: »Seid ruhig Kinder, Vater will seine Zeitung lesen.« So manchem Mann kommen da die Tränen, wenn er an seine liebe Mama denkt.

Um Himmels willen, bin das ich?

Um uns jedoch als *wirklich* junge Menschen in der Zeit wiederzufinden, muss die Kiste mit den Fotos her, die digitale Bild-Überschwemmung hatte damals erst gerade begonnen und so hat man sein Abbild noch auf Papier anstatt virtuell. Damals gab es sage und schreibe noch Diavorträge, wenn einer von uns im Ausland gewesen war. Da hieß es nicht: »Hast du mal acht Stunden Zeit, dann machen wir meine ganze Festplatte vom letzten Toskanaurlaub durch?«

Also her mit den wunderbaren Urlaubsfotos, deren Abzüge man erst oft ein Jahr später zum Geburtstag bekam. Fazit: Nie sah man so alt aus wie damals mit der lila gefärbten Hahnenkamm-Punkfrisur oder im aufgebrezelten Techno-Kostüm samt dem Blumen-BH und Zöpfchen. Maskenhaft starr wirkt, was damals als eine kleine Wohnzimmer-Revolte gegen den Ernst des biederen elterlichen Lebens gemeint war: Eine Bewegung jedoch, die zwar die Massen buchstäblich ergriff, aber sich mehr in extrovertierter Kleidung als in irgendeiner Form gesellschaftspolitisch artikulierte.

Darüber waren wir nämlich längst erhaben. Von echter Unruhe war nichts zu spüren bei uns, wenn man davon absieht, dass wir tanzen wollten. Im Zusammenhang mit der Fotokiste drängt sich übrigens wieder einmal die metaphysische Frage auf: Wie kommt es eigentlich, dass man umso älter aussieht, je jünger man ist? Das lässt doch hoffen, nicht wahr? Gehen wir also zurück: Woher kommen wir Vierzigerinnen? Was verbindet, was trennt uns?

Background – Generation Golf und Girlie

Frauen, die heute vierzig werden oder in ihren Vierzigern sind, haben hierzulande einen weitgehend gemeinsamen Background, was ihre Stellung in der Gesellschaft, was ihre Erwartungen und die prägenden Strukturen der Zeit anbelangt. Wir gehören zum weiblichen Anteil jener Generation Golf, deren Lebensgefühl Florian Illies in seinem im Jahre 2000 erschienenen gleichnamigen Buch erstmals auf den Punkt brachte – und ein paar Jahre später die Ernüchterung gleich nachlieferte. Als wir zwanzig Jahre alt waren, gingen die 80er gerade zu Ende und es begann die Ära der Love-Parade, der bunte, schrille Hayday des Techno.

Die wenigsten von uns werden dabei gewesen sein, als sich 1989 die ersten 150 »Technofreaks«, wie sich das damals nannte, unter der Leitung von DJ Dr. Motte unter dem einvernehmlichen Motto »Friede, Freude, Eierkuchen« in Berlin trafen. Aber als die größte Tanzveranstaltung der Welt dann allmählich auf bis zu 1,5 Millionen anwuchs, werden viele von Ihnen, liebe Leserinnen, auch dabei gewesen sein. Nicht zu vergessen, dass sich der Techno und seine wummernde Bass-Botschaft auch in der Provinz rasend schnell ausbreitete: Tanzen auf einem Podest bis zum Abwinken, Selbstdarstellerinnen en masse, Ecstasy in jeglicher Hinsicht.

Lustig, luftig – Spaßgesellschaft!

Hand in Hand damit gingen Kommerz, Harmlosigkeit, Kindlichkeit als Programm, Hedonismus, oder was man halt darunter verstand: »Spaßgesellschaft« war das alles beherrschende magische Wort. Alles, was nicht nach verschwitzten Techno-Schuppen, sondern nach Gesellschaftskritik oder gar Politik roch, war ganz und gar überflüssig. Darum sollten sich die kümmern, die etwas davon verstanden. Wir jedenfalls hatten dazu keinen Bock. Eine Zeitgeistbewegung war dies, die nahtlos luftig an die 99 Luftballons anknüpfte, jene bezaubernd-dämliche Hymne an ein bisschen Frieden von Nena Kerner, die uns auch heute noch die Tränen in die Augen treibt. Und das will etwas heißen.

Die Frauen tanzten, fanden die coole Annette Humpe toller als Inga, die raue Bluesröhre. Die Mädels zeigten ungeniert Sex-Appeal und modischen Witz gleichermaßen – *extrovertiert sein* war das Gebot der Stunde. Das Girlie in Blümchenkleid und Springerstiefeln folgte auf zierlichem Fuße. Allerdings nicht dessen ursprüngliche Ausprägung, die sich aus der *Riot-Girl*-Bewegung um Kurt Cobains Witwe Courtney Love und deren Band *The Holes* rekrutierte. Wir erinnern uns auch an eine eher unsägliche Mädchenband, die einen Hit landete, der allerdings schon Halsweh vom bloßen Zuhören machte. Diese Mädels waren noch radikalfeministisch und sahen auch so aus. Bald darauf sank auch deren Stern und das Schmirgelpapier im Hals wurde wieder weich. Wie hießen die gleich noch?

Blümchen, Bienchen – und Madonna!

Fern davon, das tradierte Frauenbild infrage zu stellen oder gar radikal abzulehnen, wurde aus der Not der Attraktivität um jeden Preis das »Blümchen« kreiert, in den *Spice Girls* und all den anderen Retorten-Girlgroups, die zu Recht wieder in der Versenkung verschwunden sind. Madonna aber ist im Grunde die Mutter aller Kommerz-Girlies, allerdings viel wandelbarer und cleverer als diese. *Like a Virgin* – das war das Motto – und vor allem das *Material Girl*. Madonna wäre nicht die Ikone der 1990er, wenn sie sich auch mit ihrem neuen Album *Hard Candy* nicht immer wieder selbst erfände. Wie die SZ schrieb, ist sie geradezu die »Ursuppe des Trash«. Auf MTV feierte in Madonnas Kielwasser eines der ersten kecken Girlies alias Heike Makatsch fröhlich-freche Urstände – und irgendwie sind es viele Frauen dieser Zeit noch immer gern. Auch wenn es jetzt mit vierzig allmählich ernst wird, was jenen unverwüstlichen Girlie-Charme anbelangt …

Über dem ganzen ungeheuren Spaß vergaß man ganz die Erfordernisse der Emanzipation – oder besser: man hielt sie sowieso für überflüssig, weil bereits erreicht und abgeschlossen. Feministische Vogelscheuchen, stets am Diskutieren und Analysieren, waren *megaout*. Das Girlie, in dem die »Göre« auch noch anklingt, verkörperte perfekt das neue Bild der jungen Frau: selbstsicher, fordernd, eigensüchtig, verwöhnt. Man nahm sich, was man kriegen konnte – mit Witz und vorgehaltener Verbal-Pistole. Ganz legitim: In unserer langen Adoleszenz erfuhren wir nicht zuletzt auch, dass böse Mädchen in den Himmel kommen. Weil sie sich einfach holen, was sie wollen … Ade, Frauenbewegung! Fort mit dir! Dass wir Tür an Tür mit Frauen leben, deren Männer oder Väter allein über Wohl und Wehe bestimmen und die keinerlei Veränderung des herrschenden patriarchalischen Parallelsystems wünschen, kratzte kein anständiges Girlie. Bis heute ist dies kaum Thema im feministischen Diskurs, was muslimische Journalistinnen zu Recht beklagen. Stattdessen fragen wir uns nach dem tierischen Sex und ähnlichem Kinderkram.

In den bequemen Doc Martens stand man schon so sicher auf dem Boden der feministischen Bewegungen – die ja nie eine einheitliche Richtung verkörperten. Bis heute tun sie das nicht.

Von sogenannten Differenzialfeministen wie Verena Stefans *Häutungen*, seinerzeit ebenso Pflichtlektüre wie Svende Merians *Der Tod des Märchenprinzen*, bis hin zu Eso-Feministinnen wie zum Beispiel Luisa Francia oder der als hoffnungslos verstaubt empfundenen *Emma* bot dieser schwankende, aber doch tragfähige Untergrund dem Girlie immerhin die Möglichkeit, sich in seinem apolitischen, sozial kaum engagierten Kokon einzuspinnen, sich auszuleben und dabei getrost an der eigenen ewigen Jugend zu stricken. Einschließlich Ausbildung, Studium und Job. Bei vielen kam damit das große »Was dann? Wohin sich entscheiden? Sich überhaupt entscheiden?« Es schien alles so vielversprechend.

Böses Erwachen

Noch als Girlie aufzuwachen und sich kurze Zeit später als reife Frau definieren zu müssen, das tut dann doch weh. Um das auszuhalten, bräuchte man unbedingt ein passendes, schützendes Outfit und vor allem eine neue, unverbraucht freche Pippi-Langstrumpf-Einstellung. Diese greift allerdings spätestens dann nicht mehr, wenn man beginnt, allmählich wie Tante Prüsseliese auszusehen ... wobei Margot Trooger damals bestimmt noch keine vierzig Jahre alt war, als Inger Nilsson ihr auf der edlen Nase herumtanzte. Neidvoll blickt man auf diese alten Hippiemädels, die eigentlich immer noch ganz gut drauf sind. Die schaffen den Spagat zwischen Weltanschauung und Sich-im-Spiegel-Aushalten offenbar viel besser, zumal auch die Indienbluse und all das gesmokte Zeugs wieder hoch im Kurs stehen. Die sind einfach älter geworden, ansonsten sehen sie aus wie immer.

Den Zeitgeist, der einen, ob man es nun wollte oder nicht, prägte, reflektiert man meist erst im Nachhinein. Selbstverständlich waren nicht alle von uns Girlies oder hätten sich jemals als solche bezeichnet – und doch lag dieses unbestimmte Lebensgefühl in der Luft. Was uns Vierzigerinnen beziehungsweise Jugendliche von damals dennoch einte, war die buchstäblich traumhafte Vorstellung, unsere Zukunft in diesem Land sei überhaupt kein Problem. Für die meisten von uns sah sie bunt aus, fröhlich, leicht zu erringen, vielversprechend und nebulös zugleich. Mal schauen, was passiert, hieß die Devise. Bloß keine Hektik. Verantwortung? Lieber noch nicht. Dazu fühle ich mich noch nicht reif genug, hieß es mit süßem Augenaufschlag.

Wer von uns war nicht felsenfest davon überzeugt: »Ich finde schon meinen Platz im Leben – ich darf schließlich auch lange danach suchen.« Und was man nicht alles mit zunehmender Verzweiflung suchte! Weil sie so fern waren und bleiben wie der Mars: der Traummann, der Traumjob, die Strahlemann-Familie im Eigenheimglück mit Carport. Den ganz großen, beruflichen Wurf. Den Erfolg. Ultimativen Sex, was immer das auch bedeuten sollte. Die Liste ließe sich beliebig verlängern. Mit unserer Frustrationstoleranz und Ausdauer war es oft nicht weit her. Träumen war angesagt, Fantasie weniger, dafür Fantasy. Wir sind auch diejenigen, die gierig alle Bände Harry Potter verschlangen, als wär's nicht ein Buch für Kinder. Vielleicht rettet uns ja doch noch der geheimnisvolle Fremde ...

Wunschbild und Realität

Was interessiert uns Frauen aller banalen und prosaischen Realität zum Trotz immer noch am allermeisten? Auch das etwas angejahrte deutsche Mädel »um die dreißig«, wie uns dessen Autorinnen wissen lassen? Bingo! Es ist wie seit Courths-Mahler in der Hauptsache die Liebe und ihre zwei existenziellen Fragen:

Warum sie nicht klappt, und was man tun kann, wenn sie nicht klappt. Doch mit welchen Männern haben wir es eigentlich zu tun? In aller Regel mit Leuten aus unserer eigenen Generation. Das Rätsel »Mann« wird daher mangels so unspektakulärer männlicher Tugenden wie zum Beispiel Pflichtgefühl, Fürsorge, Mut und Treue immer undurchsichtiger. Und das nicht erst, seit auch sie beim Schönheitschirurgen Schlange stehen und sich die Beine und was nicht noch alles rasieren.

Warum will die Liebe einfach nicht klappen, wo es doch so viele prächtige Patentrezepte dafür gibt? Alle Frauenzeitschriften wissen es besser als wir. Die Wahrheit aber kehren auch sie gerne unter den Tisch: Schließlich sind die Männer oft noch weniger erwachsen als wir. Da führt allzu oft der Blinde den Lahmen – und das kann natürlich nicht gut gehen. Aber dem Thema Liebe werden wir uns eigens widmen, versprochen. Wir waren ja beim Träumen stehen geblieben – und das ist nun einmal nicht dasselbe.

Das Thema Liebe mag immerhin noch den einen oder anderen Sommernachtstraum hervorbringen, bei anderen Dingen sieht es deutlich finsterer aus. Die berufliche Seite – also die schnöde *materielle* Basis unseres Lebens, ist jedoch letztlich die, welche uns leider recht ungemütlich den Takt vorgibt. Nicht allein die Zahlen, was den unschönen Begriff »Armut« in Deutschland anbelangt, sprechen Bände. Sehr oft sind es – trotz Know-how und guter Ausbildung – insbesondere die (alleinerziehenden) Frauen, die von Armut oder drohender Armut betroffen sind. Darunter viele von uns – es gibt eben leider nicht nur die Zeitgeist-Feen, die Viva-Moderatorinnen, die Models, Hotelerbinnen und Promis. Und es würden noch weit mehr Menschen unterhalb der Armutsgrenze leben, wären da nicht die diversen Transferleistungen wie Wohn- und Kindergeld – von den elterlichen Zuschüssen wollen wir gar nicht erst reden. So sollen jährlich nach Berlin, in die Hauptstadt des kreativwirtschaftlichen Prekariats, unglaublich hohe private Transferleistungen überwiesen werden ... Mama und Papa helfen noch lange mit.

Unsichere Verhältnisse

Es ist schon fatal mit uns: Wir sind in aller Regel gut ausgebildet, viele von uns haben Schule und Hochschule erfolgreich durchlaufen. Ein *bisschen* Zeit haben wir uns dabei schon gelassen, bei uns allen war mindestens ein Semester Cafete dabei. Danach winkte ein Volontariat als Kulturfachfrau! Wie herrlich! Nun war man schon mittendrin in der Medienbranche ... sah sich schon mit Fred Kogel beim Prosecco plauschen. Danach kam das nächste Praktikum. Na gut, es wird schon einmal etwas Festes dabei herausspringen. Geld gab's keines, jedenfalls nichts, was man mit dem Begriff angemessene Entlohnung hätte bezeichnen können. Nur jede Menge idealistisch abgeleisteter unbezahlter Überstunden sowie ein Versprechen, das nichts wert war: ein Vertrösten auf eine eventuelle feste Anstellung zum Sankt-Nimmerleins-Tag. Sorry, die kam dann doch nicht, weil das Unternehmen Pleite ging. Da wurden die elterlichen Seufzer von Tag zu Tag schwerer: »Kind, was soll bloß aus dir werden!« Uns wurde auch allmählich etwas mulmig. Und wir legten schon mal in der Küche mit den Mädels das Tarot – das immer stimmte! Deshalb legten wir's dann doch nicht mehr. Es hieß, die Zeiten würden hart. Zur Schamanin oder Astrologin fühlten wir uns dann doch nicht berufen, wobei sich überraschend viele in der Eso-Ecke beim Seele-Baumeln-Lassen eingerichtet haben zum Wohle der Menschheit.

Auch wenn es Jahre dauern sollte: Allmählich wachten wir auf und sahen einigermaßen klar: Wie viele von uns, so wir nicht über Nacht plötzlich *die* zündende Geschäftsidee hatten oder berühmte Forscherinnen geworden sind, eierten wir von einem mies oder gar nicht bezahlten Praktikum zum nächsten, von einem Jahresvertrag zum anderen – und mussten und müssen zusehen, wie es finanziell gerade so reicht. Einige haben dann doch gerade noch die Kurve gekratzt, indem sie Kinder bekamen – etwas, was lange Jahre überhaupt nicht auf auch nur einer Tarotkarte stand. Das Erziehungsgeld tat wirklich gut, auch genoss man in trauter Zweisamkeit mit dem Säugling die Geborgenheit und die relative Windstille vor der nächsten Existenzangst-Attacke: Der ewige Stress: »Was kommt jetzt? Wie soll's weitergehen?«, hatte am ohnehin schütteren Nervenkostüm gezehrt. Das war so nicht gedacht, ganz und gar nicht! Da half es auch nicht mehr, trotzig mit dem Fuß aufzustampfen.

Keine Ahnung von schlechten Zeiten

Viele von uns hatten, wie die Generation Golf ganz allgemein, aufgrund einer verhältnismäßig sorgenfreien, materiell meist gut ausgestatteten Kindheit, nicht die leiseste Ahnung, wie man mit schweren Zeiten umgeht. Wie man die Nerven behält, seine Knete rationiert, dass auch nach dem 15. noch etwas im Portemonnaie ist. Wie man listig jeder Konsumfalle entgeht, ohne sich dabei gegenüber dem Nachbarn und dessen Flachbildschirm benachteiligt zu fühlen. Wie man kleinere Brötchen bäckt – wir, die wir einstmals ausgezogen waren, es *ziemlich* gut zu haben. Wir gehen jetzt auch wie alle Welt in die Discounter. Das Austernfrühstück mit Fred Kogel im Edel-Szene-Gastro-Bistro, welches wir uns so nett ausmalten, ist mittlerweile in weite Ferne gerückt. Ja, wir gaben damals getreu dem biederen Markus reichlich Gas und hatten wirklich viel Spaß. Damals, als wir noch jung und leichtsinnig waren – und ebenso blauäugig in die Zukunft sahen.

Das, was jetzt läuft, macht jedoch vielen keinen Spaß mehr. Gas geben ist nicht, man darf schon froh sein, wenn die Karre nicht an jeder roten Ampel stehen bleibt. Erst recht bereitet der Gedanke kein Vergnügen, sich in diesen unsicheren Verhältnissen auch künftig – also irgendwann im *Alter*! – einrichten zu müssen, und die Familie dazu. Vielen von uns sind zudem, was die materielle Zukunft betrifft, noch quasi natürliche Schranken gesetzt: Oder anders gesagt: Auf dem Arbeitsmarkt gelten wir inzwischen auch schon als etwas angejahrt. Noch ist es in unserer Gesellschaft und in der Wirtschaft nicht so weit, dass man den älteren Arbeitnehmer dezidiert favorisiert. Obwohl sich die krasse Einstellung zu diesem Thema allmählich zu ändern begonnen hat. Hören wir da richtig? Aber ja.

Selbst wenn es uns bitter wehtut, sich als »älteren Arbeitnehmer« bezeichnen zu müssen, kommen wir bald nicht mehr um diesen Begriff herum. Jüngere, durch die allgemeine Lage vielleicht etwas eifrigere Absolventen, als wir es waren, machen uns nach und nach unseren mühsam erkämpften Platz streitig. Sogar oft die winzige Nische, in der wir uns mehr oder minder komfortabel eingerichtet haben. Haben die denn die Zukunft jetzt gepachtet? Mitnichten.

Sinnkrisen allerorten

Wir können uns immerhin trösten: Den ewig jungen Leuten um die dreißig, den neuen deutschen Mädels und Jungs, geht es auch nicht viel besser. Der Autor Matthias Kalle hat in einem reichlich galligen Beitrag in der *Zeit* wortreich darüber geklagt, wie lasch und resigniert seine Altersgenossen seien. Und nicht nur das: klein, müde, langweilig ... und *geschädigt*! Auch ihn beschäftigte in seinem Essay, dass jene Generation »Golf plus« (wie man, meine ich, durchaus sagen darf) doch einst zu den schönsten Hoffnungen Anlass gab. Rosige Aussichten waren das, die zumindest aus seiner Perspektive in nichts zerstoben sind.

Was die Frauen betrifft: Diese, so seine nicht minder böse Kurzanalyse, hätten ganz und gar auf den Feminismus verzichten können. Weil sie alles, wofür zuvor mit harten Bandagen und hohen gesellschaftlichen Risiken gekämpft worden war, so selbstverständlich hinnahmen. War es nicht schon immer so gewesen? Was, *eeecht* nicht? Diese Mädels wollen laut Matthias Kalle alles auf einmal: Beruf *und* eine sensible und stabile Beziehung. Außerdem seien sie, seit sie ihr eigenes Geld verdienen, skrupelloser geworden. Die Frauen von heute seien viel eher bereit und vor allem in der materiellen Lage, den Mann im Regen stehen zu lassen, barmt der Autor. Ist dem wirklich so? Oder werden die Frauen oft ohne Schirm und Schutz gelassen? Fragen über Fragen.

Steinige Pfade und Doc Martens

Wir wollen beherzt beobachten, was man mit den vierzig Kerzen auf seinem Törtchen anfangen kann – und vor allem endlich *sollte*. Unsere geliebten Doc Martens sind mit Sicherheit das richtige Schuhwerk für steinige Pfade zu rauen Sternen. Schließlich ist die Sache mit der Zukunft kein Osterspaziergang: die schwierige Situation am Arbeitsmarkt, drohende Faltengebirge am Horizont, die Wüsten mangelnder Attraktivität. Was tun gegen die Angst, künftig bloß mehr eine Fata Morgana für die Jungs zu sein, wie soll man leben mit der Aussicht auf ein beständiges Lavieren am Erwerbsabgrund? Und die Karriere? Ach, ein Gaukelspiel ...

All das erfordert einigen Lebensmut. Diesen kann man sich erarbeiten, wenn man ihn immer noch nicht hat. Vielleicht lässt sich gerade bei uns Ex-Girlies ein Rest unverwüstlicher Optimismus bewahren. Jedenfalls gehört der Mut ab jetzt in unser Reisegepäck als gescheites, als *gestandenes* Weibsbild, als dem Kindchenschema glücklich entwachsene und erwachsene Frau. Sehen wir uns doch mal in den Küchen, Wohnzimmern oder Bars am Vorabend eines vierzigsten Geburtstags um. Begleiten wir ein paar unserer Schwestern auf diesem Wege. Sehen wir zu, was sie machen – und vor allem, dass sie etwas machen ... Eine hübsche, kleine Bestandsaufnahme zum Beispiel.

Bilanzen

Mia bekommt allmählich eine ausgesprochene Allergie gegen die magische Zahl 9. »Früher blieben wir jahrelang ewige 29 … und jetzt *das*! Madonna ist auch schon seit Jahren 49! 39 klingt genauso schlimm. Welche Frau will denn zugeben, dass es schon 40 geschlagen hat …?«, sagt sie nachdenklich und fügt schmollend hinzu: »Aber das ist ja ab nächster Woche auch vorbei … Dann geht's auf die fünfzig zu.« Aller Düsternis zum Trotz sind die Partyvorbereitungen bereits in vollem Gange. Hals über Kopf stürzt sich Mia, eine ausgezeichnete Gastgeberin, in diese liebe Pflicht – und vergisst dabei gerne den traurigen Anlass. Die Freundinnen sind natürlich mit von der Partie – und nicht nur sie. Doch dazu später.

Auf der Einladung stand auch nicht die konkrete Jahreszahl. Darauf hat Mia nach langem Nachdenken verzichtet. Bei ihrem dreißigsten Geburtstag hingegen war sie noch nicht so zimperlich. Da fühlte sie sich wie viele andere Frauen auch, nämlich stolz, begehrt und selbstbewusst. Ihren dreißigsten Geburtstag zu feiern, galt jedenfalls für Mia als Eintritt in ein in jeder Hinsicht interessantes Alter, vielversprechend sowohl was ihre persönlichen als auch beruflichen Aussichten anbelangte … von den erotischen ganz zu schweigen. Ein schönes Alter, fürwahr! Damals war Mia frisch verliebt, ihr Studium lag hinter ihr und sie hatte über einen Bekannten die Chance bekommen, ins Webdesign einzusteigen. Es sah alles gut aus. Und sie war voller Energie und Zuversicht.

Und jetzt? Dazu kommen wir noch. Und was den freudigen Anlass betrifft, wird in diesem Jahr ein bisschen gemogelt und schlicht mit dem schönen Begriff »runder Geburtstag« gearbeitet. Feierlich aber ist ihr auf jeden Fall zumute – aber nicht nur das. Doch die leise Bangigkeit verscheucht sie, während sie sich Hals über Kopf in die Vorbereitungen stürzt. Mia hat auch dieses Fest mit der ihr eigenen Akribie, mit ihrer Lust an Schönheit sowie mit ausgefallenen und üppigen Köstlichkeiten geplant. Auch das Ambiente passt hervorragend: ein kleiner, schräger Jazzclub in der Stadt. Für ihren Abend hat sie einen Pianisten organisiert, der mit Cole-Porter-Songs coole Bar-Atmosphäre verbreitet. Kerzen überall. Vor uns ein wunderbares Büffet, alles selbst zubereitet, von arabischen Köstlichkeiten bis hin zu Fingerfood und Sushi.

Mia möchte an diesem Abend nicht mit zu vielen Menschen feiern. Mit ihrer engsten Familie wird sie am nächsten Tag zusammenkommen. Der heutige Abend gehört ihren engen, langjährigen Freundinnen und Freunden. Mit Menschen also, die sie schon seit Jahren, zum Teil schon seit der Schulzeit begleiten. Es sind Menschen, die in Mias Leben besonders wichtig waren und es noch immer sind. Darunter Männer, mit denen sie leidenschaftliche Beziehungen hatte, ihre Ex-Kommilitonen, ein paar gute Kollegen. Es herrscht eine überaus angeregte Stimmung, fröhliches Gelächter. Wie Mia es sich gewünscht hat, gibt es jede Menge gute Gespräche zwischen Leuten, die sich lange nicht gesehen haben. Heute aber geben sie alle Mia die Ehre. »Was seh ich? Das gibt's ja nicht! Du bist auch da? Na klar, oder sollen wir Mia ausgerechnet heute allein lassen? Natürlich nicht, sie braucht jetzt unseren Beistand.«

Kurz: Es war eine Party, die ihren Namen verdiente. Zwanglos, kein bisschen steif – und trotzdem mit Stil. Die letzten Gäste traten übrigens äußerst beschwingt um fünf Uhr morgens den Heimweg an. Besser gesagt, gab es bei Mia noch ein Katerfrühstück, welches das schöne, müde Geburtstagskind noch eigenhändig zubereitete. Man sieht schon, sie hat eine recht robuste Kondition. Als begeisterte Clubgängerin und Konzertbesucherin ist das ja auch weiter kein Wunder.

James Dean am Dreißigsten

Wir Freundinnen erinnern uns an Mias letzten »runden Geburtstag« im Juni vor zehn Jahren. Bei dieser Party sauste die junge Frau wie aufgezogen hektisch zwischen ihren Gästen umher, kam gar nicht nach mit ihren Pflichten. Die meisten von uns hockten am Boden. Es waren im Wesentlichen dieselben Leute wie heute, nur eben zehn Jahre jünger – und allesamt hatten sie noch kein Kreuzweh. Mias damaliger Freund Arne aber, der in Gesellschaft stets ein ausgesucht cooles Gehabe zur Schau trug. Ganz so, als sei er der wiedererstandene Jimmy Dean an der Musicbox, las er demonstrativ den *Kicker*. Während sie den ganzen Abend Champagner einschenkte, stapelweise Teller vor sich hertrug, rührte, pfefferte, salzte, Flaschen entkorkte und sich wiederum bis zum Morgengrauen ganz rührend um ihre Gäste kümmerte. Wir fanden sein Verhalten damals ziemlich peinlich. Aber wir sagten Mia nichts davon, um sie nicht zu kränken. So verliebt war sie, dass sie diesem öden Arne alles nachsah.

Es war anscheinend unter der Würde eines echten Kerls, für seine Liebste auch nur einen Finger krumm zu machen. Sicher, Jimmy Dean hätte das auch nicht nötig gehabt. Aber er war nur ein Arne mit einem Hang zu völlig unpassenden Borsalino-Hüten. Insofern waren wir alle sehr erleichtert, dass jener Grünschnabel ihren Vierzigsten dann auch nicht mehr mitfeierte, sondern verdientermaßen in der Rubrik *Abgelegt* verschwunden war. An seiner Stelle war nun ein anderer da. Ein Matthias, der, soviel wir wissen, sogar tatkräftig mitgeholfen hat, dass die Süßigkeiten aus 1001 Nacht so üppig und dekorativ auf die Platten kamen. Ein deutlich jüngerer Mann, von dem ihre Freunde finden, dass er viel besser zu ihr passt. Obwohl Mia selbst das zu Anfang gar nicht so sah. Viel zu verschieden ist der jeweilige familiäre Background. Weiß Gott kein Schwiegersohntyp und auch keine gute Partie. Eher unsichere Verhältnisse. Doch er ist ein Mann, an dem uns gefällt, wie er mit Mia umgeht. Liebevoll, souverän, ein Mann im besten Sinn. Gratuliere, Mia.

Was hat Mia sich damals, vor zehn Jahren, an ihrem dreißigsten Geburtstag vom Leben erwartet? Und was erwartet sie sich für die Zukunft? Eines muss man dieser schönen, frisch gebackenen Vierzigerin lassen: Sie wirkt jedenfalls deutlich gelöster, weitaus souveräner und in sich ruhender, als dies vor zehn Jahren mit dem *Kicker* lesenden Borsalino-Bubi der Fall war. Wir kannten sie lange Zeit eher als etwas gehemmt, ja, schüchtern, was dieser Arne nicht besser gemacht hatte.

Mia und die Männer war ohnehin stets ein Thema für sich. Sie riss viele hin, allerdings beruhte das längst nicht immer auf Gegenseitigkeit: Mia blieb kühl bis ans Herz. Oft war wiederum sie unsterblich verliebt, doch die Jungs fanden sie vielleicht zu scheu und kompliziert – jedenfalls blieben sie kühl. Kein Gefühl ... an mangelnder Attraktivität kann es indes nicht gelegen haben. Mia sieht auf ihre Weise sehr gut aus. Ferner ist sie interessiert und klug, verlässlich und chaotisch in einem. Also insgesamt *interessant*. Auch äußerlich: Mia liebt den wilden Stilmix und kombiniert das neue Jahrtausend kühn mit den 1930er-Jahren. Immer gewagt, aber stets eine Trendsetterin. Sie wirkt sehr feminin, auffallend. Heute kann man schon sagen alterslos cool. Einen blonden, exakt geschnittenen Bubikopf, strahlende Augen, ein in ungeschminkten Momenten manchmal sehr müdes, schönes Gesicht.

Mia ist jetzt vierzig Jahre alt geworden. Wie das zugegangen ist, weiß sie selbst nicht. Was, schon so spät? *So alt?* Die mit runden Geburtstagen in aller Regel einhergehende Bestandsaufnahme hat sie längst schon erledigt, gewissenhaft wie sie ist. Zu diesem Zweck hat sie sich eines Abends in ihre geliebten vier Wände, in ihren Kokon zurückgezogen, hat lange nachgedacht und dabei ein wenig an ihrem Flachmann genippt. Mia ist nämlich eine der wenigen Frauen, die in Krisensituationen ein Schlückchen Whisky aus einem schön gearbeiteten Damenflakon zur moralischen sowie körperlichen Stärkung anbieten können. In einer ziemlich kalten römischen Nacht hat ein solcher Schluck einmal sehr gute Dienste getan.

Haben und Soll?

Was fand sich in Mias Bilanz auf der Haben-Seite? Durchaus nicht wenig, worüber sie glücklich und erleichtert war. Seit zwei Jahren eine leidenschaftliche, eine glückliche Beziehung, in der ein jeder Partner den anderen noch lässt, wie er ist. Eine Liebe also, die vorerst jedoch noch nicht daran denkt, die Haushalte zusammenzulegen. Vielleicht in einem Jahr … Mia hat genügend Zeit, ihre dringend benötigte Ruhe und Inspiration zu finden. Im Gegensatz zu vielen anderen Menschen genießt sie das Alleinsein nicht nur, sie braucht es, unternimmt auch allein viele Reisen. Als freie Grafikerin hat sie ihr Auskommen, auch wenn es hin und wieder echte finanzielle Zitterpartien gibt.

Auf der Soll-Seite steht insbesondere noch aus: eine Familie mit Kindern. Für eine so große Verantwortung erscheinen ihr nicht nur ihre eigenen, sondern auch Matthias' Verhältnisse nicht sicher genug. Zwei Freiberufler, die sich von einem Auftrag zum anderen kämpfen – und Kinder? Wer soll das alles denn bezahlen? Schließlich möchte man den Kleinen ja auch ein schönes Leben bieten. Eines, wie sie es in einer gut situierten Familie selbst auch genossen hat. Nein, vor solchen Entscheidungen hat Mia auch schon früher zurückgeschreckt, so sehr ihr die Vorstellung auch gefällt. Ihr fehlt also eine rundum einigermaßen gesicherte materielle Zukunft – und leider müssen wir es erwähnen – damit auch eine Rente, die das Wort überhaupt lohnt. »Ja, auch das wird allmählich Thema«, seufzt Mia. Und Sie, liebe Leserin? Wie steht's mit Ihnen? Wie sieht denn Ihre ganz persönliche Bilanz aus? Denn keine Frau wird ihren Vierzigsten gänzlich ungerührt feiern. Es sei denn, sie hätte derart viel Stress um die Ohren, dass ihr wirklich *alles* egal ist.

Ich möchte lieber nicht

Einige von uns drücken sich ja gerne vor dieser Bilanz. Weil darin ja alles auf den Tisch kommen sollte, mithin auch, was man viel lieber unter den Teppich kehrt. Dass der Job doch nicht das Gelbe vom Ei ist. Dass die Beziehung schon so lange kriselt, dass man sich schon beinahe daran gewöhnt hat. Dass man einfach keinen richtigen Mann für den Kinderwunsch findet. Oder man schreckt deshalb vor einer ehrlichen Bilanz zurück, weil man sich mit dem Alter gar nicht erst auseinandersetzen will. Weil man es fürchtet. Oder die Bilanz ist (noch) zu schmerzlich. Oder schon deshalb lästig, weil das so schrecklich erwachsen und gar nicht souverän klingt.

Im Folgenden erinnern wir an ein paar Basics, die eine kühle Bestandsaufnahme sehr erleichtern. Man möchte ja doch wissen, wo es langgeht. Schon um gewappnet zu sein. Sonst fragen nämlich die Eltern noch ewig: »Kind, wie geht das denn weiter mit dir?« Also nichts wie los! Jagen wir die Feigheit vor unseren Verhältnissen zum Teufel! Was brauchen wir? Neben einem kräftigen Schluck aus Mias Notfall-Flakon?

Nüchternheit

Das ist das Angenehme und Verstörende zugleich an einem Alter wie dem unsrigen: Die Einschätzung eigener Belange ist wesentlich nüchterner geworden als dies noch mit Ende zwanzig der Fall war. Etliche Potenziale und Grenzen sind inzwischen gewissermaßen durch die schiere Zeit, die inzwischen vergangen ist, einigermaßen im positiven wie negativen Sinn ausgelotet. Anders gesagt: Man hat sich mittlerweile damit abgefunden, dass man nicht mit dem Kopf durch jede Wand kann. Und hat ganz praktisch, am eigenen Leibe nämlich, gelernt, wo die Stärken und Schwächen der Persönlichkeit liegen. Man hat gekämpft, gewonnen – und auch oft verloren. Man weiß jetzt – zumindest theoretisch! – besser, wo man den Hebel ansetzen müsste, um so manche lockere Schraube wieder anzuziehen. Und man weiß auch, dass man mit manchen Dingen behutsam umgehen sollte, dass sie sich nur allmählich ändern können und nicht unbedingt ein jäher Bruch vonnöten ist. Wie gesagt, die Praxis, die Umsetzung solcher Erfahrungen in Handeln, ist nicht leicht. Das Dasein und vor allem dessen materielle und ideelle (!) Sicherung sind ebenfalls kein Spaziergang im Park. Immerhin das wissen wir mittlerweile sicher.

Vom richtigen Zeitpunkt

Den Vollmond brauchen wir dazu nicht. Der macht bloß unruhig oder sentimental – und beides ist für die gebotene Distanz zu sich denkbar schlecht geeignet. Wann ist die beste Zeit? Die allgemeine Lebens- und besondere Dekaden-Bestandsaufnahme findet gerne am Vorabend eines runden Geburtstags statt. Allein am Küchentisch vor einer exzellenten Flasche Rotwein und der Geburtstagszigarette, die mit großer Andacht zelebriert wird. Falls man Glück hat, schneit später noch eine mitleidige Seele herein. Die bewahrt einen zwar vor dem Alters-Blues und dem Lungenschaden, will allerdings dann auch ungefragt ihren Senf zur Lage der Nation kundtun. Trotz dem einen oder anderen Glas fällt die Bilanz wahrscheinlich verhältnismäßig nüchtern aus. Etwas, was uns Frauen, dem Geschlecht der allerschönsten Unvernunft, längst nicht immer gegeben war. Es ist, das fühlt man *irgendwie*, jetzt nicht mehr die Zeit für luftige, wie Seifenblasen schillernde Illusionen. Weder über sich noch über andere – insbesondere nicht über die Männer und die Liebe. Oder die Begabungen, die einem der Herrgott nun einmal mitgegeben hat. Und die Aussichten, die das Leben für uns bereithält.

Gelassenheit

Baby, so ist es nun mal: Illusionen stehen uns längst nicht mehr so gut zu Gesicht wie mit zwanzig Jahren, als wir noch voller Selbstsicherheit »The Future is Ours« propagierten. War sie das wirklich? Und wenn nicht, was bleibt uns dann? »Ach, das wird schon«, mault ein unverbesserliches Girlie und dreht die Fußspitzen einwärts. Doch Vorsicht: Auch die süßeste Naivität hat irgendwann ihren Charme aufgebraucht. Allzu lange kindlich zu bleiben, endet darin, dass man kindisch wird.

Das mag die eine oder andere von uns bedauern. Für unsere Psychohygiene jedoch ist es äußerst heilsam, ein paar Illusionen losgeworden zu sein – und sei es auf schmerzliche Art und Weise. Das bedeutete in den letzten zehn Jahren zugleich auch, unnötigen Ballast abzuwerfen. Um wieder oder endlich volle Fahrt aufzunehmen – wieder einmal ins Ungewisse! Denn alle neuen Ufer wollen erobert sein. Was tut's, wenn wir immer noch nicht sicher wissen, was dort auf uns wartet. Darüber hinaus haben wir noch mehr als genug Wünsche, von denen viele in die Tat umgesetzt und erfüllt werden wollen. Und können!

Gelassenheit ist ohnehin gefragt – und das ist jetzt zur Abwechslung kein läppisches Frauenzeitschrift- und Eso-Mantra, sondern Fakt. Die Lage darf getrost mit kühlem Kopf analysiert werden. Mag eine Frau mit vierzig Jahren zwar noch nicht immer genau wissen, was und wer sie ist. So weiß sie doch ziemlich genau, was sie bestimmt *nicht* ist. Ob *nicht mehr* oder *noch nicht*, tut hier nichts zur Sache. Der Traum von der Abenteurerin, Brokerin, Amazonasforscherin oder vom Model, die Vorstellung von einer erfolgreichen, berufstätigen Mutter, der Traum von der berühmten Schriftstellerin, der Schauspielerin … Nein, das sind wir alles nicht geworden.

Wir sind *wir* geworden, mit allen Ecken und Kanten, geformt aus Anlagen und Erfahrungen. Das heißt nun keineswegs, dass man schon fertig gebacken ist und am besten keine Träume mehr haben sollte. Doch als *Material Girl* empfiehlt es sich, aus dem nun einmal vorhandenen Material ordentlich Funken zu schlagen: Längst sind nämlich gewisse Weichen gestellt, für die Persönlichkeit und Umstände gleichermaßen verantwortlich zeichnen. Manche Pläne sind endlich – nicht ohne Schmerzen – als unrealistisch abgetan. An andere wiederum, die wir für sinnvoll und vielversprechend halten, tasten wir uns vielleicht gerade heran. Unsere Zukunft ist ein Prozess, kein statisches Bild.

Mut

Nein, wir werden nicht jünger. Nein, das geht nicht. Eigentlich könnte man das ewige Gejammer jetzt allmählich sein lassen. Weil es nervt! Die Mädels können es schon nicht mehr hören. Unsere geduldigen Liebsten sind es auch leid, uns immer wieder gut zuzureden, wenn wir schon wieder unseren Moralischen bekommen. Warum erst jetzt? Als wir richtig jung waren, war alles kein Problem – solange uns alle Jungs toll fanden. Die Litanei der Klagen ist lang: Dass man etwas ganz anderes hätte studieren sollen, dass dieser und jener Job nicht geklappt hat, dass man nicht selbst auf die Idee mit einem schmalbrüstigen Sexbuch gekommen ist. Insistieren und Bocken kommt in unserem Alter auch nicht mehr so gut. Das Girlie-Mantra: »Das ist ja sooo gemein! Ich *will* aber!«, das man sich natürlich mit einem koketten Fußaufstampfen denken muss, hat ausgedient. Jetzt müssen Frauen ran.

Ohne Mut geht es ja nie – und Altwerden ist nichts für Feiglinge, hat ja auch die große amerikanische Schauspielerin Bette Davis einmal sehr weise gesagt. Deshalb sollte man sich endlich einmal zusammennehmen und wenn schon nicht in der Vergangenheit, so doch in Zukunft wahren Mut beweisen. Und es, da wir ja just erwachsen geworden sind, endlich einmal mit der ganzen Realität aufnehmen.

Mut heißt, sich dem zu stellen, was ist. Mut heißt auch, Dinge mit Beharrlichkeit möglich zu machen, an die wir uns früher gar nicht hintrauten. Zu kompliziert, hieß es damals gerne. Unser Leben ist nicht immer eine Erfolgsgeschichte, aber wir können so viel daraus machen. Gerade, wenn wir es uns nicht leicht machen und immer den anderen die Schuld in die Schuhe schieben. Zu schwer? Na und? Es wird uns guttun. Wer den Mut zu einer ehrlichen Bilanz hat, ist schon ein ganzes Stück weiter.

Ehrlichkeit

Diese schöne Eigenschaft fällt uns wohl am allerschwersten, wenn wir sie auf uns selbst anwenden sollen. Selten sind wir derart nüchtern uns selbst gegenüber gestimmt, dass wir unsere Macken und Defizite ganz genau benennen *wollten* – so produktiv dies auch wäre. Und wehe, jemand anderes tut das! Soll sich mal bloß einer trauen! Besser wäre es allerdings, wenn sich jemand aus dem engsten Umfeld einmal trauen würde, frei von der Leber weg zu sprechen. Es gibt nämlich allzu viele Schwestern unter uns, die sich gerne ihre Lage schönreden – und die von anderen am besten *gar keine* Meinung darüber erwarten, nur geduldiges Abnicken.

Abgesehen davon, dass sich die Zuhörer einer solchen Suada alsbald schrecklich langweilen, weil sie das alles nun schon zum abertausendsten Male gehört haben, ist das auch für die persönliche Entwicklung kontraproduktiv. Wir sind noch nicht fertig, im wahrsten Sinne des Wortes nicht! Also lassen Sie mal ihre inneren mahnenden Stimmen und vor allem die ihrer lieben Nächsten auch zu Wort kommen. Sagen Sie nicht: »Kritik, nein danke!« Kritik sollte nicht bloß negativ, nicht nur als Einmischung in die eigenen inneren Angelegenheiten empfunden werden – Sie sind doch keine Großmacht.

Man spürt ja selbst punktgenau, wo die Bilanz wehtut: Immer beim Soll, nicht so sehr beim Haben. Um dennoch aus den Fehlern der Vergangenheit zu lernen, ist ein nüchterner Blick auf unsere Schwach- und vor allem Sollbruchstellen unerlässlich. Man hat mehr als eine davon! Und selbst die coolste Frau hat davon noch genug. Man darf diese Schwächen vor anderen nicht unbedingt zeigen, glaubt man. Dabei wissen unsere lieben Mitmenschen, so sie mit einem liebevoll-interessierten Blick gesegnet sind, längst nur zu gut, wo uns der Schuh drückt und wo nicht.

Man braucht sich also gar nichts vorzumachen: Wir sind nicht perfekt. Warum auch? Realitätsferne passt nicht zu einer tapferen, reifen Frau – die man doch sein will, ja muss. Das liebevoll gehätschelte Selbstbild bedarf immer mal wieder einer kleineren oder gerne auch größeren Korrektur. Für die ganz Mutigen unter uns: Lassen Sie sich von ihren guten Freundinnen die Meinung sagen! Sie werden staunen – und den Mädels natürlich niemals verzeihen, was diese Ihnen alles gesagt haben. Wie schrecklich gemein! Die haben ja allesamt keine Ahnung von der Tragik meines Lebens. Erst eine liebevolle Härte gegenüber den gehätschelten Allüren wird einen zum Nachdenken bringen.

Akzeptanz

Manches scheint sich nun nicht mehr zu ändern. Leider. Aber stimmt das? Bestimmte Weichen sind nun einmal gestellt, richtig. Oder man ist eben auf einer bestimmten Schiene gelandet – nicht, dass man es sich genauso gewünscht hätte. Weil Nicole, die wir beim Thema »Liebe« noch genauer kennenlernen werden, allzu oft Ärger mit ihren Lovern hatte, ist eine wirklich stabile und vor allem belastbare Beziehung leider bis heute nicht in Sicht. Eine eigene Familie war zwar immer ihr inniger Wunsch, doch dieser war an Voraussetzungen gekoppelt, die sich nicht ergeben haben. Zumindest bis jetzt nicht. Das heißt natürlich nicht, dass dies nun bis in alle Ewigkeiten so bleiben muss und Nicole sich vergebens nach einer Familie sehnt. Weit gefehlt! Doch Nicole wird sich darüber ganz konkrete Gedanken machen müssen. Falls sie zu dem Schluss kommt, dass dies in ihrem Lebensplan offenbar nicht verzeichnet ist, muss sie auch lernen zu akzeptieren, dass es so ist.

Mit einem ständig nagenden, endlos währenden Kummer zu hadern, macht einen psychisch und physisch krank – vom Umfeld ganz zu schweigen. Möchte Nicole sich allerdings damit nicht abfinden – wozu ihr die Freundinnen raten – so kann sie sich dem Kapitel »Konsequenzen« widmen. Dann möchte sie etwas am Status quo ändern, was sich nicht zuletzt in den Kriterien ihrer Männerwahl niederschlagen wird. Natürlich gibt es Optionen, mögen sie auch nicht mehr so zahlreich sind wie gefühlt ... wenn man davon träumt, dass alles besser wird. Von selbst jedenfalls wird es nicht gehen. Nur Tagträumen bringt einem dem Ziel nicht näher.

Mia hingegen fühlt sich momentan ökonomisch gesehen auf einer Schiene, die unter Umständen auch leicht zum Abstellgleis werden kann. Obwohl sie diese Situation klar erkennt, diese bedauert und natürlich auch deren Konsequenzen fürchtet, weiß sie andererseits, dass sie wahrscheinlich keine andere Wahl hat. Warum? Sie liebt ihren Beruf, sieht aber für sich als Einfraubetrieb nicht die Möglichkeit zu einer erheblich stärkeren Akquise zahlungskräftiger Kunden. Hinzu kommt, dass sie in ihrem Alltag nicht besonders organisiert ist, was einen Neuanfang auch erschwert. Manche Eigenschaften, die ihre Flexibilität einschränken, könnte Mia nur sehr schwer an sich ändern. Nur ungern denkt sie an ihre Studienkarriere zurück: Sie war zwar immer akribisch genau, aber verzettelte sich dabei derart, dass sie trotz aller Fähigkeiten auch intellektueller Natur ihr Studium als Kommunikationswissenschaftlerin damals nicht so erfolgreich beendete, wie sie es sich gewünscht hätte. Eine echte Lern- und Denkblockade war daran schuld gewesen. In die Grafikbranche rutschte Mia, wie bereits erwähnt, durch einen Bekannten: Webdesign hat sie sich, wie viele andere, selbst beigebracht. Mia kann also keinen Abschluss in ihrem Beruf vorweisen, ist somit jedem der zahlreichen FH-Abgänger stets unterlegen. Sie hat sich nach einigen Anläufen daher für das Leben als Freiberuflerin entschieden, oder besser, sie hat ihren Möglichkeiten gemäß gehandelt. Und erlebt gerade besorgt, wie schnell sich auf dem Markt auch durch die elektronischen Medien die Ansprüche der Kunden rasch ändern. Jedes Jahr neue Geräte zu kaufen, kann sie sich nicht leisten. Die Aussichten sind also alles andere als rosig. Dennoch akzeptiert sie diese Grundkonstellation. Nicht nur, weil sie keine andere Wahl hat. Mittlerweile ist sie auch nicht mehr so traurig darüber, wenn sie an ihre Magisterarbeit von damals denkt. Schade – aber es hat ja keinen Sinn, immerzu einer verpatzten Chance nachzutrauern. Wer weiß, ob es eine gewesen wäre.

Wer seine jeweilige Situation annehmen kann – schon deswegen, weil deren Vorteile die Nachteile überwiegen, der sollte dies natürlich tun. Ansonsten kommt man um das unbequeme Fazit nicht herum: So schnell wie möglich handeln und etwas ändern. Schon das Kleinste ist bekanntermaßen schwer genug. Also Finger weg von der Revolution – die dann doch nur in den Couchkissen stecken bleibt. Die Zeit, in der man rein hypothetisch ins Blaue plante, aber rein gar nichts davon in die Tat umsetzte, sollte mit dem Anschneiden der Geburtstagstorte mit den vierzig fröhlich brennenden Kerzen langsam vorbei sein. Sonst warten irgendwann einmal Selbstmitleid und Verbitterung auf uns. Und nur allzu oft, weil man nicht akzeptieren will, dass man selbst einen Zug nach dem anderen hat abfahren lassen und sich stattdessen beim Schaffner beschwert.

Konsequenzen

Auch das gehört schließlich zu einer vernünftigen Bilanz: Die Fähigkeit und die Kraft, aus dem Missverhältnis zwischen Soll und

Haben auch die Konsequenzen zu ziehen – also eine Art Handlungsanweisung für sich zu finden. Das Machbare ist uns heute lieber als das Unmögliche, also werden wir die Sache vernünftig angehen – nicht, ohne uns auch Rat bei anderen zu holen. Sind unsere Pläne zu verwegen, werden unsere Freunde, unsere Liebsten uns schon den Kopf zurechtrücken. Falls nicht, werden sie uns dabei unterstützen, unsere persönliche oder materielle Basis zu verändern. Ist der Leidensdruck erst einmal groß genug, gibt es zwei Möglichkeiten. Entweder man wird resignieren. Dafür aber sind wir entschieden zu jung. Oder wir werden eben überlegt handeln. Und zwar möglichst bald.

Chancen, Träume, Karrieren?

Wir sind inzwischen in gewisser Weise Realistinnen geworden – was keiner je von uns geglaubt hätte. Am allerwenigsten wir selbst. Aus den herrlichen Gefilden *Somewhere over the rainbow* sind wir teilweise recht unsanft mitten im staubigen Kansas gelandet. Und rote Zauberschuhe sind rar ... gute Feen auch. Jetzt müssen wir uns selbst helfen und unser Leben beherzt in die Hand nehmen. Was ist denn in der Zaubertasche des *Wizard of Oz* für uns drin? Früher dachten wir: Alles. Wieso auch nicht?

Alles so schön bunt hier!

Alles hatte so gut angefangen. Nicht, dass wir *irgendwie so ganz konkrete* Vorstellungen von unserer Zukunft gehabt hätten. Dazu wären, wenn man ehrlich ist, viele von uns schon theoretisch gar nicht in der Lage gewesen. Weil wir Weltwirtschaft und Politik aus unserer Heile-Spaßwelt-Wahrnehmung konsequent und erfolgreich ausgeklammert hatten. Solche Themen klangen für uns langweilig und verdrießlich. Spaß sah ganz anders aus, leicht, einfach, nicht komplex. Ohne elementare Grundkenntnisse aus diesem Bereich, ohne die notwendigen Informationen, was sich in der näheren und ferneren Welt so tut, kann ein Mensch aber nur schwer wirtschaftliche Strömungen produktiv für sich einschätzen. Und zum Beispiel beizeiten Chinesisch lernen, worüber damals alle nur gelacht hätten. Heute jedoch braucht man diese Sprache dringend – und die Sinologin ist keine weltfremde Orchidee, sondern ein echter *global player*.

Wir lebten vielmehr im puren Gottvertrauen auf den nicht enden wollenden Aufschwung: Warum sollte auch die quietschbunte Lollipopwelt, der Charme selbstbewusster Bildungsferne, wie ihn die clevere Verona Feldbusch geradezu paradigmatisch verkörperte, denn jemals ein Ende haben? Aber selbst Veronas schöne neue Welt ist mittlerweile mit Glanz und Gloria Pleite gegangen: Hier werden Sie geholfen ... Ohne Zweifel glaubten auch wir damals an wolkige gute Chancen für eine rosige Zukunft. Wozu neben einer guten materiellen Basis auch die entsprechende gesellschaftliche Achtung und Präsenz gehören sollte – so dachten wir es uns jedenfalls.

Was sollte denn mit einem Jurastudium schon schiefgehen? Das war doch Renommee und Spitzenverdienst in einem! Selten so gelacht ... wenn man heute die Juristen fragt, die sich mit Betreuungen über Wasser halten oder die gleichzeitig noch andere Jobs übernehmen müssen, um zu überleben. Sehr gelacht, wenn wir nach politischen oder wirtschaftlichen Entscheidungsträgern in unserem Alter suchen. Sind die männlichen schon rar, so sind es die Frauen nicht minder. Wie präsent sind unsere Altersgenossen und -genossinnen demnach heute wirklich? Oder anders gefragt: Wo sind all die Generation-Golfer hin? Wo sind sie geblieben?

Auf dem Boden der Tatsachen

Viele von uns haben die New-Economy-Blase platzen sehen – und damit auch die gigantische Seifenblase eines lockeren *Anything goes*. Nicht, dass man deshalb hellhörig geworden wäre. Man kaufte, bildlich gesprochen, noch in den fallenden Kurs bei Enron. Mittlerweile aber sind wir zum Teil ziemlich unsanft auf dem Boden der Tatsachen aufgekommen: Die Realität ist hart.

Wer braucht uns? Manche von den Mädels hatten damals die Gabe der Prophetie und stürzten sich beizeiten in ein Ingenieursstudium, weil sie die Zeiten des künftigen horrenden Fachkräftemangels vorausgeahnt hatten. Das Leben heute ist schwierig, selbst wenn man nicht geschieden ist oder alleinerziehende Mutter – was ebenso häufig wie schwierig ist. Die starke Schulter für den Kampf mit und um den Alltag ist zudem nicht so ohne Weiteres zu finden: Die Männer unserer Generation sind, um es milde auszudrücken, verhältnismäßig kompliziert bis verunsichert. Und selbstbezogen natürlich gleichermaßen, sodass ein Treffer (ein Mann, der seinen Namen verdient) schon fast wie ein Sechser im Lotto ist. Und den bekommen immer bloß die anderen, aber nicht man selbst. Wir müssen also oft allein zurechtkommen. Auch wenn wir nicht allein sind.

Studium, Praktikum, Prekariat

Trotz gründlichem Studium, etwa der Geisteswissenschaften, von dem es zu Recht hieß, es befähige einen zur für viele Berufe erforderlichen Vielseitigkeit und Flexibilität, mussten wir uns zudem von unseren Freunden und der Familie oft so hochnehmen lassen wie Andie MacDowell in *Und täglich grüßt das Murmeltier*. Ohne zur Strafe dafür wieder in die Zeitschleife zu müssen: *Monday, Monday* ... Kurz: Es war – und es ist schwer, Fuß zu fassen, wenn man keinen in der Tür hat. Wir gehören auch noch zur Generation Praktikum und damit auch *peu à peu* in die den diversen Praktika nachfolgende Generation »Prekariat«. Dies ist nur ein cooleres Wort für »arm trotz Arbeit«. Weil es nämlich nichts anderes bedeutet als eine tapfere Freiberuflerin wie Mia, die auf das Wohl und Wehe von Aufträgen für eine schlecht bezahlte Kreativwirtschaft angewiesen ist. Es handelt sich dabei zwar um einen unablässig wachsenden Sektor, leider aber geht es nicht ohne zusätzliche Jobs – oder eben pekuniäre Zuwendungen der besorgten Eltern: »Mädchen, was soll denn bloß aus dir werden?« In diesem Fall ist die Anrede durchaus berechtigt.

Geringverdienerinnen

Daneben gibt es die zahllosen Frauen im Dienstleistungsgewerbe, Frauen mit geringem Verdienst, von dem oft mehrere Familienmitglieder leben müssen. Mag man für sich selbst auf schicke Klamotten und Konzertbesuche verzichten können: Was wirklich wehtut, ist die bittere Tatsache, die Kinder vielleicht nicht so umfassend finanziell fördern zu können, wie anderen Familien dies möglich ist. Musikstunden, Ferien, Sportvereine. Man ist schon heilfroh, dass es die Leihbücherei gibt! Man rackert den ganzen Tag – doch das ermöglicht oft kein anständiges Auskommen mehr. Von der wahren Domäne der Frauen – den schlecht bezahlten Heil- und Pflegeberufen – einmal ganz zu schweigen. Nicht vergessen, keineswegs alle Vierzigerinnen sind Stadtgespräch oder Lifestyle-Mädels – auch wenn sich die Generation lieber so sähe und die müde schuftende Schwester dabei vergisst. Fazit: So wir nicht eine Erbschaft erwarten oder einen reichen Mann haben, kann man sagen, dass es oft nicht besonders zukunftsträchtig aussieht – trotz guter Voraussetzungen.

Das tägliche Brot

Nüchternheit stellt sich daher auch zwangsläufig ein, insbesondere, was die Ausbildungs- und Erwerbsbiografie vieler Altersgenossinnen, ihre Defizite und ihre Entwicklungsmöglichkeiten betrifft. Spätestens jetzt hat sich gerächt, dass man zum Beispiel seine Fächerkombination bloß studierte, weil man keine konkreten Vorstellungen hatte oder weil die Fächer damals gerade bei allen wichtigen Typen angesagt waren. Mittlerweile gibt es so viele Rechtsreferendare wie Sand am Meer. Betriebswirte sind auch recht zahlreich, Physikerinnen hingegen sind nach wie vor absolute Mangelware. Jene merkwürdige Trulla aber, die sich damals für ein Lateinstudium – so schwer und öd und tot, wie damals die Mär ging – entschied, feiert heute ein triumphales Comeback: Die Schule braucht sie dringend, sie wird kostbarer gehandelt als eine Blaue Mauritius. *Veni, vidi, vici!*

Gestalterinnen gesucht!

Was uns ebenfalls auffällt: Weder in Politik noch Wirtschaft, also an den Schalthebeln zur Gestaltung unserer Gesellschaft, ist die Vierzigerin besonders häufig vertreten. Ebenso wenig in den Chefetagen. Warum? Hat es ihr an Ellbogen oder an der nötigen Ellbogenfreiheit gefehlt? An der grundsätzlichen Fähigkeit, diese auszubilden und auch einzusetzen? An der Lust, solche Strategien überhaupt zu entwickeln und sich einem harten Konkurrenzkampf zu stellen? Wie dem auch sei: Ein verzogenes Girlie, das gerne aufstampft und wider besseren Wissens quengelt: »Ich will aber in die Medienbranche ...«, das bringt leider nicht unbedingt die Kraft für Durststrecken mit. Zumal die Beschäftigung mit Politik, auch der aktuellen Tagespolitik damals sowieso das Allerödeste war. Was interessierte denn das Zentrum die Peripherie? Und das Zentrum hieß erst einmal »Ich«, dann irgendwann vielleicht doch einmal »Du« – aber »Wir« eben allzu lange nicht.

Dieser unser Mittelbau fehlt nun beim politischen Nachwuchs. Wer soll, kann und wird unsere Anliegen formulieren? Dieser Mangel wird auch trotz Quote nicht besser. Die geringe Präsenz ist bedauerlich und verwundert, wenn man mit Hochachtung an die Beharrlichkeit einer Angela Merkel denkt: Weibliches Machtbewusstsein, der weibliche gesellschaftliche Gestaltungswille ist offenbar im privaten Leben und in den Beziehungen stecken geblieben – oder beim geringsten Widerstand versandet. Dieses Manko bereitet einer Gesellschaft heute vielleicht mehr Kopfzerbrechen als in den Zeiten fröhlicher apolitischer Stimmung.

Was uns allen nämlich aus der apolitischen und gesellschaftlich desinteressierten Jugend erwachsen ist, zeigt sich auch tagtäglich fad und grau: die Politikverdrossenheit, meiner Meinung nach eines der größten Übel unseres Landes. Als Kompensation für Sachkenntnis schickt man eine Selbstsicherheit der kompletten Ahnungslosigkeit ins Feld, die einen mitunter sprachlos zurücklässt.

Traumberufe

Nüchternheit stellt sich auch ein, was den Beruf als solchen betrifft. Auch und vor allem dann, wenn es ein erklärter *Traumberuf* war. Als Lehrerin beispielsweise hat man zwar unbestreitbar an Routine und damit an Effizienz gewonnen: Nervenkostüm, Menschenliebe und Geduld allerdings haben mit den Jahren doch gelitten. Als Kompensation entwickelt man eine prächtige Ironie, treffsicheren Sarkasmus, was ja auch nicht schlecht ist. Angesichts der Situation, dass Pädagogen inzwischen nicht nur, was rudimentäre Benimmregeln für die Schüler betrifft, die Rolle der Eltern übernehmen müssen, sind die seelischen und körperlichen Ressourcen inzwischen weitaus stärkerem Verschleiß unterworfen als bei Lehrern jener sagenhaften Urzeit, als es noch Respekt vor der strengen Autorität gab. Nicht selten lauert in diesem Beruf das Burn-out. Und jeder, der diese verantwortungsvolle Arbeit aus eigener Erfahrung kennt, kann das Gefahrenpotenzial von Überlastung und Erschöpfung darin mühelos erkennen. Trotz der angeblich so faulen Ferien, die oft genug für die Korrektur draufgehen.

Die Ärztin hingegen hat viel an Erfahrung gewonnen. Daher steht sie manch großen Fragen des Lebens (Wann kommt endlich der Mann meiner Träume?) oft ebenfalls reichlich sarkastisch gegenüber. Weil sie sich mit Recht fragt, welche Sorgen denn die Leute wirklich haben. Wenn minderjährigen Mädchen reihenweise nichts anderes im Kopf umherschwirrt, als sich bald den Busen korrigieren zu lassen, auf dass er Dietmar gefalle. Andererseits hat auch sie einen gewissen Niedergang ihres Berufsstandes in Deutschland miterlebt: Ein niedergelassener Arzt muss heute um das Überleben in finanzieller Hinsicht genauso kämpfen wie darum, nicht im bürokratischen Papierwust unterzugehen. Während noch vor nicht allzu langer Zeit der neue Bungalow samt Swimmingpool schon ins Arzttäschchen gehörten. Nach Norwegen oder Großbritannien umzuziehen und dort viel Geld zu verdienen, dazu fühlt man sich andererseits nicht mehr jung und unternehmungslustig genug. Allmählich sollte doch eine gewisse Sicherheit und Ruhe einkehren. Wie war das mit den Früchten der Arbeit?

Die Verkäuferin im Supermarkt hingegen mag den Kundenkontakt, empfindet aber die Routine, die schlechte Luft und das künstliche Licht oft als sehr anstrengend und deprimierend. Andererseits entsteht enormer Stress durch die von der Geschäftsleitung erwartete Schnelligkeit, durch die ungeduldigen Kunden. Vor allem in den sozialen Berufen, die man ja mit großem Engagement und geringem Verdienst beginnt, kann die Routine eine sehr große seelische Belastung sein. Was für die Gesundheit mit der Zeit gefährlich werden kann: In diesen Berufen werden die Menschen psychisch besonders gefordert – und das, obwohl man doch auch dafür da sein sollte, die psychische Verfassung anderer Menschen, von Kranken oder Senioren zu verbessern.

Sind denn die Freiberufler und Existenzgründer besser dran? Das kommt ganz darauf an. Wir finden die Generation, die jetzt vierzig wird, oft mit einem Fuß in der Selbstständigkeit, die jedoch nicht genügend einbringt, um auch nur in Richtung »wohlhabend« zu denken. Dafür sitzt einem niemand außer der Not im Nacken. Man kann auch den Sonntag noch arbeiten, wenn es nötig ist. Immerhin kann man sein Kind selbst vom Kindergarten abholen. Unter diese Gruppe fallen, wie bereits erwähnt, die freien Berufe insbesondere im Medienbereich, all die Grafikerinnen, Autorinnen, Architektinnen, Journalistinnen und dergleichen, deren Wichtigkeit unter dem Begriff Kreativwirtschaft immerhin zunimmt, vor allem in den Städten. Aber dies zahlt sich pekuniär kaum aus. Daneben gibt es die selbstständige Heilpraktikerin und Lebensberaterin, zwei Straßen weiter bietet eine Druidin ihre Dienste an ...

All diese Berufe und Berufungen bringen eine unsichere, aber unleugbar spannende Existenz mit sich. Von der man allerdings nie weiß, ob die Flexibilität mehr zur Erosion des Nervenkostüms beiträgt als zur viel beschworenen Freiheit, die sich oft genug als ein raues Lüftchen entpuppt – vor allem wenn man älter wird. Und das werden wir ja alle. Nur zu verständlich, dass man manchmal jener Freiheit auch müde wird und sehnsüchtig von der Doppelhaushälfte und dem mit Blumenzwiebeln bestückten handtuchgroßen Garten träumt. Eine Vorstellung von wohltuender Bürgerlichkeit, die man in der lang gehätschelten Jugend empört als: »Pfui, wie spießig!«, von sich wies.

Mein Geld, dein Geld, unser Geld?

Andererseits muss man sich durchschlagen – und dies möglichst ohne dem Staat oder sonst jemandem auf der Tasche zu liegen. Noch nicht einmal dem Liebsten, denn er nimmt es da gar so genau. Das *eigene* Geld ist wichtig, in vielen Beziehungen sogar auffällig und beinahe unangenehm wichtig: Den schönen Begriff »Unser Geld« hört man schon kaum mehr. Aber gut, es geht um, auch allein. Ein Pluspunkt, zumindest für Mia, die ja auch von Auftrag zu Auftrag lebt – bescheiden, aber auskömmlich. Was aber, wenn der Auftraggeber wegfällt, wenn die Firma andere Strukturen aufbaut und der Freiberufler beim Arbeitsamt Unterhaltssicherung beantragen muss? Eine Vorstellung, die Mia und stellvertretend viele andere Frauen zunehmend plagt. Wie soll sie den Nerv der Jetztzeit immer treffen, je älter sie wird? Wie geräumig ist die Nische, in der sie und viele andere gerade so ihr Auskommen finden?

Ein schmaler Trost mag sein, dass es die klassische lineare Erwerbsbiografie in großen Teilen der Gesellschaft ohnehin nicht mehr gibt. Ebenso, dass die Bundesbürger generell zu mehr Abstrichen und Flexibilität in ihrem Erwerbsleben genötigt sind. Und dass mit dieser unliebsamen Tatsache alle konfrontiert werden – auch diejenigen, denen wir heute ihre fünfundzwanzig plus vage Zukunft neiden. Und nicht nur das: Die gering bezahlten Jobs nehmen derart zu, dass Deutschland in diesem Punkt mittlerweile fast mit Amerika gleich auf ist. Eine beunruhigende Aussicht.

Existenz und Sicherheit

Auch das gehört übrigens zu einer vernünftigen Bilanz. Das Leben ist in unserem Alter – anders als in früheren Zeiten – zwar einigermaßen in festen Bahnen, aber längst noch nicht fest zementiert. Gott sei Dank, sagen wir, wenn wir uns gut fühlen ... Hin und wieder heißt es auch: Leider! In so manchen schwachen Stunden nämlich, wenn wir des ständigen Existenzkampfs überdrüssig sind, bedauern wir es durchaus, dass wir viel weniger Sicherheit genießen als unsere Schwestern in früheren Zeiten, die sich ausschließlich um Haus und Kinder kümmerten, während der Mann hinaus ins feindliche Leben zog, um das Geld zu verdienen.

Der Luxus, von einem Einkommen leben zu können, ist heute viel weniger Menschen möglich. Hinzu kommt natürlich auch, dass die meisten Frauen ihre Ausbildung nicht umsonst gemacht haben und nicht mehr finanziell von ihren Partnern oder Ehemännern abhängig sein wollen. Doch hat dieser verständliche Wunsch ihre Pflichten etwa verringert? Nein. Was eine Frau, die einen Mann und Kinder hat, im Alltag gemeinhin zu tun hat – also alles, außer die Bierkästen zu schleppen – ist, von ein paar leuchtenden Ausnahmen von Männern, die sich im Haushalt engagieren, im Wesentlichen gleich geblieben. Die Wahlmöglichkeiten und die Möglichkeiten zur finanziellen Selbstständigkeit sind zwar unbestreitbar größer, die Anforderungen an die Frau als solche aber sind höher geworden. Die Unterstützung wird vielen Frauen auch aus Frust versagt, weil sie sich gesellschaftlich engagieren wollen, weil sie dem Partner dadurch einen Teil der Haushaltslast aufbürden. Zumindest theoretisch. Auf dem gebügelten Hemd besteht der Ehemann, auch wenn seine Frau von einer Sitzung zur anderen hastet.

Über den Tellerrand für später

Wer ohnehin vorhat, sich beruflich zu verändern, sollte dies bald und mit der notwendigen Weitsicht in die Wege leiten. In zehn

Jahren dürfte ein Neubeginn nicht nur aufgrund des Alters viel schwieriger sein. Abgesehen davon, dass die Risikobereitschaft sich nicht mit den Jahren steigert, kommt noch ein anderer Aspekt hinzu, den man nur zu gerne verdrängt: Dann nämlich sind auch die Eltern allmählich gebrechlich und bedürfen der Hilfe viel mehr als heute. Auch das Thema »Pflege der Eltern« gehört in eine Überlegung der Zukunft, die ihren Namen verdient. Insbesondere die Töchter fühlen sich eher zur Pflege verpflichtet, die Söhne sind da viel zögerlicher.

Die Aussichten auf dem Arbeitsmarkt sind im Moment so schlecht nicht, doch nimmt das Heer der Geringverdiener zu. Die Stellenanzeigen in der Zeitung geben wieder mehr her, als dies noch vor einigen Jahren der Fall war. Vielleicht bringt es die eine oder andere von uns auch über das Herz, die Stadt, in der sie jeden Tresen kannte, hinter sich zu lassen und anderswo neu anzufangen. Denn anderswo sucht man Leute mit genau unserer Qualifikation! Auch wenn man dazu richtig Englisch oder Norwegisch lernen müsste. Oder Finnisch! Genug gejammert, wie fürchterlich die Kollegen und wie schlecht das Betriebsklima ist: Wenn, dann ist jetzt ein guter Zeitpunkt, um endlich zu handeln. Sei es, dass man weniger Stunden arbeitet oder aber seine Fühler ausstreckt nach anderen, neuen Herausforderungen. Man hat noch hinreichend Zeit bis zur Rente – wenn es denn eine gibt. Gerade da stellt sich allergrößte Nüchternheit ein, wenn man die eigene Situation im Alter bedenkt.

Echt? Doch, wir befinden uns damit in bester Gesellschaft – schließlich bricht das Thema sich sehr zum Leidwesen leichtsinniger Party-Schmetterlinge selbst auf der schrägsten Party Bahn. Vom Sandkasten der ewigen Jugend geht es schnurstracks in die künftige Rentenwüste. Gerade haben wir uns noch amüsiert – und dann sollen wir uns schon zutiefst desillusionierende Gedanken über unser späteres Einkommen machen? Eines, das wahrscheinlich kein Auskommen mehr erlauben wird? Das tut weh. Ist aber nichtsdestotrotz ein Ding der Notwendigkeit. Es gibt mehrere Methoden, um die Sache abzumildern, denn Renten, wie noch Tante Lore sie genießt, wird es dann nicht mehr geben. Ein kluges, besonnenes Mädel kümmert sich also rechtzeitig darum, die paar Euro, die es sein eigen nennt, klug zu mehren, damit sparsam umzugehen und sich mit so lästigen Dingen wie Riester-Rente, Bausparverträgen, Lebensversicherungen oder Presseversorgung zu befassen.

Ein Tipp: Wer bei diesen tausend Formularen nicht selbst durchblickt, kann ja den Liebhaber von damals wieder aufwärmen, der dafür immer ein gutes Händchen hatte. Aber gratis soll die Hilfe nicht sein, versprochen? Vernunft in materiellen Dingen ist in diesen Tagen oberstes Gebot. So wenig wir früher daran denken wollten, umso mehr müssen wir uns heute damit beschäftigen. Das ist nur gerecht. Wie war das noch mit der Grille und der Ameise?

Doch nun genug der warnenden Worte. Jetzt kommt die Überleitung zu einem großen Kapitel, das weitaus interessanter ist: die Liebe.

Das Fräulein will pure Liebe – das Fräulein will den Mond!

Mit diesen Worten quittiert die Mutter von Marcelline den Anspruch ihrer traumtänzerischen Tochter an einen Traummann. Es ist übrigens die echte Mutter der Schauspielerin und Regisseurin Valeria Bruni Tedeschi, die diese Rolle auch in der Komödie *Actrices* übernimmt. Mütter sind weise geworden, während die Töchter sehnsüchtig den Mond anbellen. Umsonst.

Nein, der schöne Peter wird nicht treu. Diesen Wunsch darf man sich nach Jahren der Szenen und Tränen einfach abschminken und endlich die verheulten Augen trocknen lassen. Der schöne Peter weiß noch nicht einmal, wie man das Wort »Treue« buchstabiert. Selbst wenn wir ihm nach all seinen Mätzchen den Rücken kehren, wird er zwei Wochen später gewiss eine andere Dumme finden. Genauso dämlich und voller Hoffnung wie wir damals. Zweifellos war er doch unser Traummann. Warum eigentlich? Hm ... mal nachdenken ... weil er, ja, weil er so gut aussah. Seine samtigen Rehaugen, die Locken, die Stimme. Wobei das natürlich Geschmackssache ist. Manche Mädels fanden den schönen Peter niemals schön, sondern fürchterlich eitel und stinklangweilig. Heute weiß man erst, wie viel Ärger die sich mit dem stadtbekannten Don-Juan-Verschnitt erspart haben.

Die Akte »Traummann« mit ihren meist dürftigen Auswahl-Kriterien sollten wir allmählich ad acta legen. Sonst könnte passieren, dass uns die besten noch verbliebenen Männer auch noch durch die Lappen gehen. Und das nur, weil sie keinen feuchten Hundeblick und keinen *Five o'clock shadow* im Gesicht haben. Vergiss es: Der schöne Peter wird nicht treu.

Männer & Lover

»Nico, alles, alles Gute zum Geburtstag! Na, sitzt du beim dritten Bier und heulst dicke Tränen? Aber nein! Das tut doch dem Schaum nicht gut ...«

Nicole rollt mit den Augen, zieht einen abscheulichen Schmollmund. Natürlich hat sie sich überlegt, ob sie sich das wirklich antun soll, als sie die Nummer auf dem Display sah. Aber was soll's ... immerhin *denkt* er noch dran! Man wird ja sentimental an einem Abend, an dem zum letzten Male die 3 vorne steht. Morgen werde ich vierzig. Das ist, anders als Bachmanns *Das dreißigste Jahr* oder Balzacs *Eine Frau von dreißig Jahren*, noch nicht einmal eine literarische Marke. Und in Feuchtgebieten umherzuwaten ist auch unsere Sache nicht mehr, die Heldin ist erst achtzehn und bekommt am Ende ihren ganz privaten Pfleger. Vielleicht, so Nicole, sollte ich mal Maud Sowiesos *Geständnisse. Memoiren einer Frau von vierzig Jahren* bestellen. Im Antiquariat ... à propos: Vorerst aber hat sie Florian am Telefon, einen Mann, der seinerseits genügend Stoff für einen Roman abgäbe. Aber ob der dann gut ist?

»Komisch, als wir noch zusammen waren, hast du meinen Geburtstag öfter vergessen«, kann Nicole sich nicht verkneifen.

Doch auf dem Ohr für etwaige Schuldgefühle ist Florian stocktaub.

»Weißt du, ich wollte doch der Erste sein, der dir gratuliert«, geht die Suada auf der anderen Seite weiter. Fehlte gerade noch, dass er »der Einzige« sagt, denkt Nicole gallig. Immerhin kommt dieser Wortschwall von einer warmen, dunklen Stimme mit schönem Timbre. Sie seufzt, halb amüsiert, halb gerührt.

»Du bist schon wieder zu früh dran, Flo! Meinst du, ich hab am Vorabend meines Vierzigsten nichts Besseres zu tu, als hier herumzuhocken?«

»Hast du?«

»Nein«, sagt sie verdrießlich. »Und du?«

»Na, aber sicher«, dröhnt es, »ich baue dich auf, meine Liebe. Denn das hast du *bitter* nötig. Vierzig ... ja, das ist jetzt schon ein Alter. Na, ich sage mal, das ist jetzt nicht mehr soooo lustig. Ach, ihr Frauen, ihr seid wirklich ein Kapitel für sich ... ich hab's aufgegeben, euch zu verstehen. Ehrlich. Und du?«

Pfui, wie gemein er ist! Ganz offenbar hat er wirklich nichts Besseres vor. Florian ist ihr Ex, der sie, obschon sie seit gut fünf Jahren getrennt sind, getreulich regelmäßig anruft – um ihr seine Sicht aller Dinge auf der ganzen Welt darzulegen – und ihr ganz nebenbei sein Leid mit den Frauen zu klagen.

»Die Frauen sind ja so kompliziert! Ganz besonders die um die vierzig! So wie du halt, Nico. So kritisch, so *psychologisch*. Überkandidelt, mit einem Wort. Nicht Fisch, nicht Fleisch. Die Weiblichkeit ist dahin, das Geheimnis der Frau. Ihr plaudert alles aus.«

Das sagt ein Mann, der nichts so sehr genießt, wie sich selber reden zu hören. *Lange* reden zu hören. Nicole betont gerne, dass er zumindest rhetorisch Fidel Castro das Wasser reichen könne: Dieser habe Reden gehalten, bis zu acht Stunden lang.

Trotz allem muss Nicole lachen. Sie kann Florian nicht böse sein, auch wenn er ihr oft entsetzlich auf die Nerven geht. Buchstäblich jedes Wort, das aus seinem Munde kommt, weiß sie im Voraus. Unverbesserlich. Mittlerweile selbst gut über fünfzig Jahre alt, befindet sich dieser Mann immer noch auf der Suche nach seiner *absoluten Traumfrau*, mit der das Leben dann auf einmal ganz anders, nämlich aufregend und harmonisch zugleich wird. Bis jetzt jedenfalls war die Suche ein vergebliches

Unterfangen. Nicole, so dringt aus seinen Worten durch, war nicht die Traumfrau, und zwar aus verschiedenen Gründen.

Was hatte er an ihr auszusetzen? *Zu gebildet* – heute wäre ihm ein wildes Naturkind lieb, eines, das spontan lebt, was immer das heißen soll, das frisch ist wie die Schweizer Bergluft und am besten nicht älter als zwanzig. *Zu anspruchsvoll.* Das heißt im Klartext, dass Nicole zu etlichen Themen eine andere Meinung hatte als er und ihn dies auch unmissverständlich wissen ließ. *Zu fordernd im Bett* – Frauen sind heute ja mit gar nichts mehr zufrieden! Früher, da war es einfach unkomplizierter, da ging es nicht immer nur um den Orgasmus wie heute. Hab ich, hat sie? Ach, ist das lästig! *Zu zukunftsorientiert* – Welch schöne Verklausulierung für eine Frau, die den Wunsch nach einer Familie hat: »Nein, mit mir nicht, diese Verantwortung traue ich mir nicht zu.« Das hieß es auch schon vor fünf Jahren – und wird auch wohl in zehn Jahren nicht anders lauten.

Zum Auswachsen ... Warum auch immer, aber dieser Mann ist auf Krise abonniert, seine Selbstfindung scheint noch in vollem Gange. Mag er älter sein, so ist er doch keineswegs reif. Und langsam, so Nicole, wird die Sache auch ein bisschen absurd. Vor allem diese Suche nach der wilden Heidi von der Alm, die sich dann ausgerechnet in ihn verlieben sollte – in eine Couchkartoffel ersten Ranges, die sich allenfalls noch vor den Computer schleppt.

»Es ist ja nett von dir, dass du mich in meiner Not aufbauen willst«, meint sie säuerlich. »Du hast ja so recht! Ich glaube, ich werde mir auch einen unverbildeten Naturburschen suchen. Es ist ja nicht wichtig, was einer im Kopf hat, sondern wie er *aussieht*. Einen Mann ohne jede Furcht vor Kälte, einer, der meinetwegen reißende Flüsse durchquert. Muskeln, einen harten Bauch, gut gebaut, einen schönen Hintern ...«

»Jaja, jetzt hör schon damit auf. In deinem Alter! Ja, dann such mal schön. Aber das wird nicht einfach. Vergiss es, Nico. Du hast ganz schön zugelegt in letzter Zeit. Dein Appetit ist ja immer schon sehr gut gewesen. Ich glaub jedenfalls nicht, dass das einfach so klappt, Nico.«

Blick zurück

Und so geht es dahin. Sie kennt ihr Gegenüber. Immerhin hat sie es viele Jahre treu geliebt. Mit all seinen Macken, Zicken und Vorzügen, wozu auch Florians schöne Ironie gehört, die er allerdings auf sich selbst niemals anwenden kann. Vielleicht ist es ganz gut, dass er ausgerechnet jetzt anruft: So kommt Nicole erst gar nicht in die Versuchung, sentimental auf ihre amouröse Vergangenheit zurückzublicken. Es kann ja in Zukunft nur besser werden!

Es heißt doch immer, dass die Liebe erst in diesem Alter wirklich losgeht! Bloß: Wo finden wir die Männer, die wir lieben können? Ihre ehemaligen Klassenkameraden hat Nico erst beim Klassentreffen vor zwei Monaten studieren dürfen: Eine traurige Riege, ehrlich. Die meisten von ihnen waren schon wieder geschieden. Und die schon lange Verheirateten hatten wiederum diesen hungrigen Blick, der da besagte, dass der Sex im Ehebett auch schon länger sanft entschlafen ist. Und was war sonst noch geboten? Workaholics mit Angst vor Stellenabbau, ja, die Rente war auch bei dieser Gelegenheit abendfüllendes Thema. Geldanlage, Verkehrsprobleme aller Art, Fußball. Einer reichte seine Visitenkarte herum, auf denen er seine Dienste als Küchenberater anbot. Vor 25 Jahren hätte man sich tierisch über seine Telefonnummer gefreut. Aber damals ließ er einen auf Anfrage wissen, er könnte nicht mit in die Eisdiele gehen, sondern müsste erst noch »Flipper« anschauen.

Während die Mädels – so nennt Nico ihre Schulfreundinnen – sich alle recht gut gehalten haben, einige sogar ganz hervorragend, waren die Männer, selbst wenn so mancher von ihnen damals der große Discoschwarm war, doch grau und enttäuscht geworden. »Man sieht ihnen ihr Alter auch schon langsam an«, hatten die ehemaligen Schulkameradinnen gewitzelt. Schlimmer noch: Manche hätte man ums Leben nicht mehr erkannt – und fand sie doch damals so toll: *Deine blauen Augen* ... Wir aber, so Nicole, sind eigentlich noch ganz lustig, sind offener und unternehmungslustiger.

»Kein Wunder, dass die Ehen aus diesen Zeiten längst auseinandergegangen sind«, meinte Nico, die bis jetzt nicht geheiratet hat. Wen denn auch? Florian etwa? Um Gottes willen! Oder dessen Vorgänger Steffen, der auch noch mit Ende dreißig bei seiner lieben Mama gewohnt hatte und der letztlich nur durch seine *ziemlich* ausgeprägte Dessous-Ader im kollektiven Gedächtnis geblieben war? Oder jener ältliche Arzt, der sich bei ihr alle paar Wochen ein paar aufregende Stunden machte, während er mit seiner Frau ja so unglücklich war, die erst kürzlich von seinem Sohne und Erben genas? Nein, lieber nicht: Die Liste der Grausamkeiten ist lang – eine Bestandsaufnahme *in amoribus* kann doppelt und dreifach ernüchternd sein. Was tun, Nico?

»Wer jetzt kein Haus hat, baut sich keines mehr ...«, hört sie Florian mit viel Pathos zitieren.

»Lass doch den armen Rilke aus dem Spiel. ›Wird lesen, lange Briefe schreiben ...‹, jaja, alles klar. Du, ich mach jetzt Schluss«, sagt Nicole plötzlich, seltsam erfrischt. »Ich geh noch in meine Bar um die Ecke. Nein, Florian du brauchst nicht zu kommen, danke. Das ist doch nichts für dich. Hier, an meinem Küchentisch, finde ich meinen Naturburschen nämlich bestimmt nicht. Und auch wenn ich ihn heut Abend nicht mehr finde, so doch bestimmt morgen. Auf mich wartet noch etwas – zumindest fantastischer Sex ... das soll doch in diesem Alter das Beste sein! Das ist doch auch schon was, nicht wahr, mein guter alter Florian?«

Seine Antwort wartet sie gar nicht erst ab. Auf einmal hat sie wieder so richtig Energie bekommen. So einfach lässt sie sich nicht abspeisen vom Leben! Da muss doch noch was kommen. Das hat man verdient, wenn man diese Truppe da überlebt hat, denkt sie und macht sich schön.

Ganz passabel. Und viele Männer mögen mollige Frauen. Warum auch nicht?

Guter Sex – Warum gerade jetzt?

Viele Frauen sagen es nicht nur, sie strahlen es aus: Mit der Zeit, mit der notwendigen Übung und Erfahrung wird der Sex besser. Und in diesem Alter, so heißt es, sind wir auf der Höhe unserer erotischen Energie, im Zenit von Begehren und Genussfähigkeit beim Sex. Vorausgesetzt indes, man hat überhaupt welchen. Nicht selbstverständlich, das weiß der Himmel.

Vielen Frauen macht die Sexualität erst jetzt Spaß. Sie können, dürfen oder wollen sich endlich fallen lassen. Ihren Höhepunkt sexueller Energie erreicht die Frau um Mitte dreißig. Diese kann sich dann auch gut und gerne noch eine Weile erfreulich hinziehen – wohingegen es beim Mann im selben Alter schon wieder bergab geht. Die weibliche Fruchtbarkeit sinkt – doch die Genussfähigkeit steigt. Eigentlich paradox. Schließlich wäre erhöhte Genussfähigkeit für die Fortpflanzung keine schlechte Voraussetzung. Mutter Natur hat sich grundsätzlich dafür entschieden, dass es für die weibliche Seite nicht notwendig ist, dabei Lust zu empfinden – wie dies für einen Mann notwendig ist. Aber Geduld, wir bekommen schon was ab vom großen Kuchen: Sexualwissenschaftler und Mediziner stimmen darin überein, dass es diese erhöhte Aktivität – und damit natürlich auch sexuelle Attraktivität – einer reiferen Frau gibt.

Woran liegt's bloß?

Hat diese erfreuliche Tatsache nun anatomische, seelische oder gesellschaftliche Gründe? Wahrscheinlich ist es eine Mischung aller drei Aspekte. Insbesondere, wenn man seine eigene erotische Biografie betrachtet, wenn man bedenkt, wie ungeschickt, unbedarft und erwartungsvoll man als Anfängerin der Liebe war – und was sich bis heute im Bett getan hat. Meist hat sich doch etwas gewandelt, vieles zum Besseren. Was unsere Generation betrifft, so durften wir ein gewisses gesellschaftliches Selbstverständnis in Sachen Sex voraussetzen.

Dass eine Frau sich offen zu ihrer Lust bekennen darf, dass sie ihre sexuelle Befriedigung gegebenenfalls einfordert, ist uns bestimmt nicht in die Wiege gelegt – vom Girlie einmal abgesehen. Nicht zu vergessen: Auch das war ein gesellschaftlicher Prozess, von dem wir ohne viel eigenes Zutun zumindest theoretisch profitieren durften. Die Praxis war jedoch schon problematischer. Durfte man früher nichts, so soll man heute alles wollen. Inzwischen scheint es keine Tabus mehr zu geben. Verzweifelt wird das ganze Tabu-Arsenal geplündert, um noch mit einem neuen Kick endlich die Nische für den versprochenen unzivilisiert wilden Sex zu finden. Wo es doch den meisten Menschen schon völlig reicht, wenn der Sex endlich *gut* wäre.

Theoretisch ist nun alles möglich. Über Sex wird sowieso andauernd geredet, die Chatrooms quellen über, die Zeitschriften, das Internet ... *Sex sells*, wer wüsste das besser als Charlotte Roche? Doch was bringt uns die Freiheit des Analbleachings für unsere eigene, man möchte beinahe sagen, *intime* Sexualität? Wer darüber nachdenkt – und das sollte jede Frau schon aus eigennützigen Motiven tun – wird einen Prozess an sich selbst und der Empfindsamkeit, Sensibilität und auch in den Erwartungen an die Sexualität feststellen.

Erwartungen

Als wir so unbesiegbar jung waren, erwarteten wir vom Sex wenn nicht alles, so doch viel zu viel. Er war der Kitt in Beziehungen, in denen sich darüber hinaus wenig ereignete. Mit der Zeit aber wurde er immer brüchiger. Sex war ein Gradmesser, der mit Qualität der Begegnung selbst nur wenig zu tun hatte. Sex war außerdem ein *must,* eine Hürde innerhalb unserer Altersgruppe, über die man springen musste, um etwas zu gelten. Da waren wir Girlies wieder denkbar altmodisch: Nur wer Sex hat, ist von den Männern oder Frauen begehrt und *ist* jemand. Ob man dabei selbst begehrte oder selbst so etwas wie Lust oder Freude dabei empfand, war leider oft Nebensache.

Man hatte Sex zu haben. Auch wenn sich manche von uns fragten, warum eigentlich. So toll war es mit Paul dann doch wieder nicht. Und auch der schöne Peter hielt nie das, was er versprach, obwohl man ihn uns als den *sexiest guy in town* im lokalen Promi-Wurstblatt angepriesen hatte. Ob der Sex, den wir hatten, repräsentativ oder gar gut war, wussten wir nicht. Denn so richtig ehrlich war man mit den anderen Mädels in diesem Punkt nicht. Wie wäre man denn dagestanden mit der Aussage: »Also, ich weiß ehrlich nicht, warum das so schön sein soll?« Geradezu unmöglich wäre das gewesen. Nicht vereinbar mit dem Selbstbild des unkomplizierten Spaßfaktors Sex.

Oversexed, wie die Medienwelt um uns herum zunehmend wurde, brachte man schließlich alles Erdenkliche damit in Verbindung – obwohl doch das Motto der Love-Parade zunächst nur ein treuherziges und komplett asexuelles »Friede, Freude, Eierkuchen« gewesen war. Doch wir suggerierten mit unserem Auftreten und der Selbstsicherheit trotz unserer komischen Kleidchen und dem ultrakindischen Outfit auch auf diesem Terrain fordernde Souveränität.

Wann ist der Mann ein Mann?

Das fragen die Männer sich nicht erst seit Grönemeyers Hymne. Seit die Emanzipation ein paar goldene Regeln einfach weggepustet hatte – und eine Heerschar verunsicherter Burschen zurückließ. Bis heute bedauern viele den Verlust ihrer Stellung. Noch heute fühlen sich viele angesichts sexuell aktiver und forscher Frauen unbehaglich. Das war auch in unserer Jugend nicht anders. Das Girlie trampelte den Männern auch gehörig auf den sensiblen Zehen herum. Die Jungs, derart nassforsch rangenommen, erlebten flugs ihre akute Identitätskrise, bekamen Kopfweh und Migräne und allerlei Verweigerungstaktiken mehr.

Doch warum glaubten sie uns, dass wir im Bett alles besser wüssten? Wir, die wir allzu oft keine Ahnung hatten? Weder von uns selbst, unserem Körper, unserer Psyche, geschweige denn davon, wie Männer gestrickt sind? Dass sie alle einen archaischen Fluchtreflex bekommen, wenn man ihnen was vom G-Punkt oder was auch immer erzählt? Ach, sie nahmen uns alles ab. Doch so sicher waren wir nicht – und so geriet die Liebe zum ausgemachten Krampf. Was aus diesen und ähnlichen Identitätskrisen der Männer geworden ist, wissen wir auch. Auch wenn wir's nicht so hart formulieren wollten wie Matthias Kalle über seine Generation: *müde, langweilig, geschädigt.* Die Ärmsten – und dies ganz ohne Ironie ...

Nicht nur, dass *Wham, bam, Thank you, Mam*, out war, die Mädchen schienen uneinholbar mit allen Wassern gewaschen. Welcher junge Mann hätte es denn angesichts dieser feixenden, frechen Girlie-Front vor ihm gewagt, seine Unsicherheit zu zeigen? Diese Souveränität hatten wir längst nicht. Und so zeigten sich die Paare miteinander ebenso hilflos wie zu anderen Zeiten. Und ebenso verklemmt und verschwiegen, was die Probleme und das Scheitern im Bett anbelangte. Sex als Diskurs ist nicht gleichbedeutend damit, dass man unbefangen mit seinem Partner über Sex sprechen kann. Im Gegenteil. Wo er ubiquitär ist, kann er geradeso gut nirgends sein.

Sexuelle Freiheit

Nachdem wir dies aber noch weniger zugeben konnten als andere Weibsbilder zuvor, waren wir mit dieser Unsicherheit, mit Erwartungen und Ängsten oft allein. Schon vor sich selber mochte man nicht zugeben, dass man's in dieser schönen neuen bunten Welt der sexuellen Freiheit noch nicht einmal geschafft hatte, das Gelobte Land von ferne zu erspähen. Ganz zu schweigen, auch nur einen Fuß darauf gesetzt zu haben. Erst viele Jahre später kommt es in vertrauten Gesprächen an den Tag: Manche von uns wissen bis heute nicht, was ein vaginaler Orgasmus überhaupt sein soll – oder vielmehr *kann*. Aber sie wissen, dass das, was da mit Paul lief, gewiss nie im Leben einer war, das ist klar. Oder Peter, der doch so sexy war. Erst recht nicht mit Florian, Keuchen und teure Strapse hin oder her.

Sex war ganz nett, und wenn man verliebt war oder liebte, natürlich auch wunderschön. Was aber bei vielen Frauen nicht unbedingt damit zu tun hatte, ob ein Orgasmus dabei war oder nicht. Sie liebt auch ohne. Muss sie ja auch oft genug. Es war stets aufregend, weil man den Mann so schön »in Fahrt« bringen konnte. Selbst hatte man oft nur wenig davon, war dieser Reiz einmal aufgezehrt und es auch mit der Liebe nicht so weit her. Manchmal so wenig weit her, dass man mit der Zeit auf vollkommen nutzlose subtile Hinweise verzichtete und – ich schwöre bei meiner Freundin Ulla, ihre Geschichte ist wahr, so wahr ich hier an einem herrlichen unheiligen Sonntag im April am Computer sitze – sich *währenddessen* dann einmal aus purer Verzweiflung die Nägel feilte.

Bin ich so weit? Sex als Experiment

Viele Frauen schildern Erwartungsdruck und Anspannung, mit der man sich bei der Liebe ständig beobachtet, so, als sei eine Digicam im Zimmer: »Mache ich das auch richtig? Wie sieht das aus? Hat er was davon? Bin ich eine gute Liebhaberin?« Alles Fragen, deren Ausweis nicht der *eigene* Genuss, sondern immer noch der des Mannes war. Eine andere Frage zeugte immerhin von einem gewissen Fortschritt, auch wenn unterm Strich alles gleich blieb, nämlich null. »Will ich jemanden überhaupt so nah an mich heranlassen, dass ich ihm diese Seite von mir zeige?« Geben ist schließlich nicht nur seliger denn Nehmen, sondern auch viel leichter. Wie soll man es einem Mann im Bett denn nun beibringen, was man will – und vor allem, was nicht? Nicht jeder will über Sex *reden*. Das nervt bei den Chatroomprotzern ganz entsetzlich.

Jede Frau in den Vierzigern wird es bestätigen: Wir waren in unserer sexuellen Vita theoretisch und auch praktisch einigermaßen experimentierfreudig. Schon allein deshalb, weil wir das von uns selbst so erwarteten. Tabus waren langweilig und für Spießer. Sie widersprachen dem Gedanken an schrankenloses Ausleben der Sexualität. Dahinter, so vermuteten wir, läge dann die unbegrenzte Freiheit. Schon allein deshalb wollten wir tunlichst keine Tabus achten, sondern Sex auf alle nur erdenklichen Arten, in jeder nur möglichen Position ausprobieren. Ob allein, zu zweit oder im Swingerklub. Selbst wenn das Ergebnis unrühmlich war und nicht zur Nachahmung einlud.

Wirklich, wir bemühten uns nach Kräften, keine Sensibelchen zu sein, keine scheuen Mädchen. Das hätte nicht gepasst zum Ideal des toughen, selbstbewussten Girlies. Sondern wir gerierten uns als erotisch ziemlich robust – auch wenn es hinter der Maske anders aussah: unsicher, oft frustriert. Im Laufe der Zeit wurde es nämlich auch dem hartgesottensten Mädel unter uns klar: Tabus hat der Mensch sehr wohl. Und diese mutwillig zu überschreiten oder zu ignorieren, führt zu gravierenden Verletzungen.

Verletzungen

Sagen wir es ruhig: Der Weg zur guten Sexualität ist oftmals einer, der auch Verletzungen kennt und überwunden hat – auf jeder Seite. Erwartungsdruck, Versagens- und Konkurrenzangst, bewusstes Überhören eigener existenzieller Bedürfnisse *in* der Sexualität auf beiden Seiten: Wir kommen um das Wort »Verletzung« nicht umhin. Die Sexualität ist ein Hort von Täuschung und Missverständnissen. Einerseits schafft er die denkbar größte Intimität zwischen Liebenden, andererseits birgt er höchstes Verletzungspotenzial. Und die Erotik ist launisch, weil sie in der Tat die Freiheit liebt. Aber nicht die wohlfeile, die sich nur daraus speist, Hemmungen zu unterdrücken und so zu tun, als ob man keine hätte.

Guter Wille allein nützt im Bett nichts. Je perfekter beide Partner alles haben wollen, umso verkrampfter wird die ganze Angelegenheit. Wer hat sich nicht schon selbst so empfunden wie die Marionette in Federico Fellinis großartigem Film *Casanova*? Oder einen Orgasmus vortäuschen, was nicht ganz so lustig war wie der von Meg Ryan in der Komödie *Harry und Sally*? Übrigens geriet sie wenigstens angesichts eines stattlich belegten Sandwichs völlig außer Kontrolle … Na also. Nichts ist so unentspannt wie unentspannter Sex – eine alte Weisheit, deren Gehalt man lange nicht begreift.

Wer fragt sich nicht ab und an: »Hat denn das, was ich da im Bett abziehe, wirklich *mit mir* zu tun? Bin das ich? Bin ich diese keuchende Frau, die kein verbales Tiefparterre scheut, nur weil man es zeitgeistig gerade gerne derb hat? *Will* ich das sagen, was ich sage? Oder sage ich das, obwohl ich viel lieber still wäre? Muss ich spätestens seit Roche den Analsex über den Schellenkönig preisen, wobei er mich total kaltlässt – Details sowieso unnötig? Bin ich das wirklich? Bin ich das?«

Wenn ja, dann ist es in Ordnung. Ehrlich ordinär zu sein, kann ohne Zweifel lustvoll sein und zeugt von einer beneidenswert schlichten und unkomplizierten Ader in der Sexualität. Wie verhält es sich eigentlich mit unseren Vorstellungen? Erotische Fantasien eins zu eins in die Tat umzusetzen geht übrigens meistens daneben. Was als Bild im Kopf erregend ist und bleibt, entstammt dem Schutzraum der Fantasie und wäre *realiter* eine gänzlich andere Sache. Die Unterwerfung, was auch immer damit gemeint ist, gehört sicher dazu. Aber anstatt mitzumachen, obwohl man lieber mehr Spiel, mehr Zärtlichkeit hätte, ist nicht gut. Zwar wird man nicht vergewaltigt – aber man tut das mit sich selbst. Und das merkt man auch.

Das bin ich

Spricht man mit Frauen darüber, so hat stets die gewachsene Erfahrung, *gemäß der eigenen Sexualität agieren zu können*, und die daraus entstehenden Konsequenzen mit einer entspannteren Einstellung zu Beziehungen und Sex zu tun. Die schon seit Jahrzehnten propagierte sexuelle Selbstbestimmung war und ist für jeden Menschen, nicht nur die Frauen, schwer zu erlangen. Dieser Begriff bedeutete zunächst, sich nicht zum Sex verpflichtet zu fühlen wie noch unsere Mütter angesichts ihrer ehelichen Pflichten. Doch mit dieser Errungenschaft allein ist ja das sexuelle Leben noch nicht gewonnen. Es erfordert Sicherheit, die nicht kontraproduktiv nur penetrant fordert, sondern den anderen auch Sexualität zu *lehren* imstande ist. Sowohl die eigenen Grenzen als auch die des anderen sollen gewahrt werden. Und wenn doch einmal, so sollten sie im gegenseitigen Einvernehmen überschritten werden. Das klingt nicht besonders aufregend, ist es aber.

Herzlich Willkommen!

Was ist denn mit Mitte dreißig – also nach meist schon zwanzigjähriger Übung – dann mit einer Frau geschehen? Man weiß eher als mit den makellosen Zwanzig nicht nur, was dem Körper, sondern vor allem der eigenen Seele behagt – und was nicht. Manchmal geschieht aber auch etwas mit dem Körper, das so leicht nicht erklärlich ist. So kann der vaginale Orgasmus nach Jahren, in denen man deshalb keineswegs auf schönen Sex verzichten musste, an dessen Existenz man ohne jeden Vorwurf an die Männer einfach nicht geglaubt hatte – die anderen Mädels hatten auf Nachfrage schließlich auch keinen! – sich doch eines schönen Tages plötzlich einstellen.

Und nicht, weil man einen brandneuen Lover hat, sondern mit dem langjährigen Liebsten. Weil man jetzt endlich den richtigen Dreh gefunden hat? Aber es hat sich doch eigentlich nichts verändert. Aber es geht jetzt. Nicht dass man das nicht auch schon zuvor versucht hatte – doch, es war aus welchen Gründen auch immer nicht möglich. Ob man sich anatomisch verändert hat? Oder nun endlich bereit ist, diesem Mann solche Nähe zu gestatten? Das Wort »Seele« in diesem Kontext in den Mund zu nehmen, ist notwendig. Und nun, da wir den Doc Martens allmählich entwachsen sind, dürfen wir das auch ganz unbesorgt tun. Wir werden es nicht weitersagen.

Allein dahingehend frei zu werden und nicht immer bloß die wilden Artikel in den Frauenzeitschriften für bare Münze zu nehmen – von denen ich mir immer vorstelle, dass sie mit Hauslatschen und Fleecejacke um fröstelnde Schultern geschrieben werden – ist schon ein gewaltiger Fortschritt. Dieser erfordert bereits eine gewisse schöne Reife der Gedanken. Auch diese Kolumnen wollen bei aller gut gemeinten Hilfestellung für das sagenhafte Sex-Weekend mit oder ohne Fesseln doch nur unsere hoch gespannten Erwartungen hochhalten. Um dann fachmännisch Auskunft zu geben, worüber sie nur spekulieren können: über das erotische Leben ihrer Leserinnen. Welches meist unglamourös ist. Schade, dass es andererseits in Publikationen, welche die ältere Frau als Zielgruppe gewählt hat, immer so grenzwertig medizinisch bei diesem Thema zugehen muss ... auch nicht gerade dazu angetan, echte Lüste zu wecken. Doch uns tröstet: Frauen sind, bis sie neunzig Jahre alt sind, prinzipiell sexuell aktiv – also hat man ja noch ein paar Tage ...

Auf die sexuelle Weiterentwicklung!

In den Lehrlingsjahren dieser Kunst hört man, wie wohl kaum zu vermeiden, allzu sehr auf andere Menschen. Danach hört *frau* mehr auf sich selbst. Dann erst kann der Sex besser werden, mit einem Partner, der diese Nuancen kennenlernen darf und genießen kann. Dann erst kann es natürlich auch, wenn kein fester Partner da ist, eine befriedigende Sexualität geben. Diese spielt sich ja längst nicht nur mit einem anderen Menschen ab, sondern häufig auch allein, zusammen mit sich selbst. Was allemal besser ist als einsam mit dem schönen Peter. Nicht nur, weil man sich frustriert auf sich selbst zurückzieht, sondern weil es gut ist.

Was hier kurz anskizziert wurde, lässt sich unter dem Stichwort »sexuelle Weiterentwicklung« zusammenfassen. Das klingt zwar weder romantisch noch leidenschaftlich, aber dieser Prozess ist eine wichtige Voraussetzung für geglückte Sexualität. Die körperliche Liebe (und wenn's noch so hölzern klingt, ich will es bewusst so sagen!) wird erlernt und geübt wie jede andere Kunst auch. Aus höchst unbefriedigenden, stümperhaften Anfängen kann sich etwas entwickeln, wenn man sich und seinen Bedürfnissen gegenüber offen ist. Und dies auch dem Partner mitteilen kann, was nicht unbedingt verbal geschehen muss. Sex ist in aller Regel nicht etwas, was man über Nacht plötzlich hat. Nach und nach erst trifft dieses Wort wirklich zu. Mit einem Mann zu schlafen, hat leider noch nicht zwingend mit dem zu tun, was wir uns unter Sex vorstellen. Wie war das noch mit der von Kant abgeleiteten schönen Formulierung von der Ehe als »gegenseitigem Gebrauch der Geschlechtswerkzeuge«? Nicole würde jetzt wieder einen Schmollmund ziehen und protestieren: »Wenn's nur gegenseitig wär!«

Wo finde ich ihn?

Die Sache mit den Höhepunkten, die angeblich auf uns warten, klingt ja alles ganz prima. Doch all das bleibt, sofern man sich vergeblich nach einem netten Mannsbild sehnt, eben nur Theorie, solange man seine erotische Energie, seinen Liebeshunger sowie das ansehnliche seelische wie geistige Angebot, das man selbst zu bieten hat, keiner Männerseele anbieten kann. Wo sind die Jungs bloß hin? Angebot und Nachfrage stimmen nicht überein. Früher nahmen wir das Singledasein noch lockerer. Schließlich konnte man ja nie wissen, wen man nächstes Wochenende kennenlernen würde. Das wird schon, dachten wir. Sehnsucht haben schließlich alle und irgendwann finde ich schon einen Kerl, der zu mir passt. Inzwischen amüsiere ich mich eben, so gut es geht. Es ging nicht immer gut, leider. Und mittlerweile sind sogar wir bereit, den Apfelbaum zu pflanzen, ein Kind zu bekommen und ein Haus zu bauen ...

Der Wunsch nach einer stabilen Beziehung, nach einem Nest, ist in unserem Alter sehr groß. Genährt wird er auch von der Befürchtung, künftig allein bleiben zu müssen. Verhindert wird die Erfüllung durch die eigenen, lang gehätschelten Wunschbilder, die überzogene Erwartungen geworden sind, deren Erfüllung einen mehr und mehr beschäftigt. Auch wenn man nicht wie die Protagonistin in dem urkomischen Film *Actrices* von Valeria Bruni Tedeschi hilflos Familie und Ehe sich in Luft auflösen sieht, während die biologische Uhr unbarmherzig tickt. Doch wäre es nicht eine leichte, wunderbare Tragikomödie auf Zelluloid, wenn Marcelline nicht das ewig hypersensible, entzückende Mädchen bleiben wollte, das mit der wirklichen, reichlich prosaischen Welt einfach nicht zurande kommen will. Was tut übrigens die Heldin Marcelline gegen ihre mannigfachen Ängste, jetzt, da auch sie unbegreifliche vierzig geworden ist? Sie hat zwei Rezepte: Schwimmen und die Musik von Glenn Miller. Mal ausprobieren ...

Einesteils sind wir emotional stabiler geworden und nicht mehr ausschließlich mit uns selbst beschäftigt. Die süße Zicke von ehedem beginnt, sich in der Welt umzusehen. Und siehe da! Es gibt noch andere interessante Dinge, noch andere Wesen darin als sie und den schönen Peter. Wer hätte das je gedacht? Allmählich weicht die Egozentrik einer Vorstufe der Nächstenliebe. Kurz: Wir wären jetzt nur zu gerne bereit, vom Kuchen der gewonnenen Selbstständigkeit und mühsam erworbenen Gelassenheit ein gehöriges Stück für eine Familie zu geben. Wobei wir selbstverständlich fürchten, welche Abstriche wir andererseits machen müssen ... Aber egal! Mehr und mehr beschleicht uns das mulmige Gefühl, dass uns ohne Familie doch etwas vom Leben vorenthalten wird. Wann sollte die Familie kommen?

Kein rechter Trost, wenn die Mutter der Sängerin Sarah Connors mit fünfzig Jahren kerngesunde Zwillinge zur Welt bringt, sie hatte schon vorher vier Kinder geboren. Wir aber haben noch kein einziges. Immer noch keines. Warum nicht? So lästig die herzzerreißenden Bitten um ein Enkelkind auch waren, so unheimlich wird einem die resignierte Akzeptanz der Eltern, deren müdes Abwinken: »Na, jetzt wird's dann wohl auch nichts mehr.« Das zwackt, und irgendwann tut es weh.

Spätzünder oder Zeitzünder?

»Hilfe, meine biologische Uhr tickt!« Wann auch immer dieser panische Ausruf zum ersten Mal im ausgehenden 20. Jahrhundert zu hören war – er zeichnet sich durch zeitlose Scheußlichkeit aus. Mich wundert immer wieder, wie oft man ihn dennoch hört – kann man dieses Dilemma einer modernen Frau, die wählen, aber auch bereuen kann, denn nicht *anders* nennen? Das Schlimmste daran jedoch ist, dass wir Vierzigerinnen uns tatsächlich nicht nur wie früher gewissermaßen unter Zeitdruck fühlen, sondern alsbald in absoluten *Zugzwang* kommen.

Kind oder nicht Kind ist hier die Frage. Oder: Wie hältst du's mit der Familie? Meist ist diese Frage nicht von der nach dem richtigen Mann zu trennen. Wenigstens damit sind wir nicht allein! So weiß es der Blätterwald schwarz auf weiß: Sex in der City gibt's überhaupt nicht, das ist bloß ein schillernder Mythos, eine Fata Morgana aus Hollywood. Gerade die tollsten Frauen finden oft keinen vernünftigen, normalen Burschen, der nicht gleich eine Identitätskrise bekommt, wenn er mal nicht mit all seinen Bedürfnissen im Mittelpunkt steht. Und wir warten, suchen und denken dabei an die berüchtigte biologische Uhr – oder besser Zeitbombe? Was tun? Einfach nur zuwarten hat spätestens in diesem Alter seine Tücken. Denn ein Mann, mit dem wir glücklich werden können, wird sicherlich nicht eines Tages unangemeldet vor unserer Türe stehen.

Alle Theorien zu Liebe, Erotik und Familie benötigen daher unbedingt ein liebevolles, spannendes und vor allen Dingen erträgliches Experimentierfeld. Mit welchem Mann kann man all dies zum einen in die Tat, zum anderen in ein erfülltes Leben umsetzen? Wo sind die Männer? Wo kann man seine Netze auswerfen?

Trübe Tage

Nicole hat, wie viele andere, diese Frage mangels Zeit und Gelegenheit, fremde Menschen kennenzulernen, nicht allein dem Zufall überlassen. Im Grunde ihres Herzens aber wartet sie auf den Blitz aus heiterem Himmel, auf eine Liebe quasi auf natürlichem Wege, nicht über diverse Möglichkeiten der Partnervermittlung. Doch es gab bereits etliche Momente, in denen sie beinahe Humor und Hoffnung verloren hätte. Paare, Paare – wohin das Auge blickt. Die Kollegen, die attraktiven zumal, sind meistens verheiratet. Und die es immer noch nicht sind, will auch sie nicht haben. Wenn Nicole sich nämlich in ihrem Freundes- und Bekanntenkreis umsieht, ist es für einen Single wie sie schwer. Nicht, dass sie sich ausgesprochen unglücklich fühlt oder um jeden Preis der Welt eine Familie wollte, so schön dies auch wäre. Aber Leben, Freuden und Sorgen teilen, das wäre wunderbar. Dass sie das alles auch alleine kann, hat sie der Welt schließlich jetzt lange genug bewiesen.

Nachdem man sich das Leben der anderen immer schöner, aufregender und harmonischer vorstellt, als es ist, bleiben bei den Nicoles unter uns trübe, neiderfüllte Depri-Tage nicht aus. Wenn man schon wieder allein in den Zoo gehen muss, um das neugeborene Nashornbaby zu bestaunen. Man hat ja vielerlei Interessen! Die meisten ihrer Freundinnen haben mittlerweile Familie – nur selten geht es ohne gehörige Komplikationen ab. In deren Gegenwart kommt sich Nicole meistens fehl am Platze vor: Die lustige Tante liegt ihr nicht so. Was soll man auch reden, wenn man über das Thema schlechthin gar nicht mitreden kann? »Na, du hast gut reden, du hast ja keine Kinder!«, heißt es dann. Klingt da gar ein Vorwurf durch? Nicht nur, dass die Interessen ihrer Kolleginnen und Freundinnen seither andere geworden sind. Ebenso sind gemeinsame Aktivitäten nicht mehr so leicht zu planen wie früher. Was heißt, nicht mehr so leicht? Unmöglich ist das!

Ach, war das noch schön! Die ganze Clique fuhr zusammen nach Kroatien und verbrachte wunderbare Tage, ging wandern, in Museen, an den Strand oder ins Kino, wann immer man Lust hatte. Und man hatte sich dabei auch immer etwas zu erzählen:

Meistens nämlich ging es um mehr oder weniger aufregende Liebesgeschichten – also die steinige, hochdramatische Suche nach Mr. Right. Mittlerweile hat man schon zum Suchen keine Lust mehr. Früher gingen die Mädels noch zusammen auf die Pirsch – aber alleine? Nein, danke. Lebt wohl, ihr Nächte in der Disco …

Das ist noch nicht das Schlimmste: Sogar die gute alte Hennenrunde wird neuerdings schwer torpediert. Tanzen gehen? Vergiss es! Neuerdings rücken die Freundinnen ungefragt mit ihren Männern an, obwohl die weder tanzen können noch von Kunst etwas verstehen. Und ihnen zuliebe immer in den neuesten Actionfilm zu gehen, wird auch langsam trübselig. Können die Männer sich denn nicht allein amüsieren? Offenbar nicht. Es ist scheinbar so, vermutet nicht nur Nicole, dass Männer nicht allein sein können. Sie wissen dann wenig mit sich anzufangen, lieben es, wenn die Frau irgendwo im Haus herumwurstelt, während sie an ihren Computern herumbasteln. Auch ein Geheimnis, das Generationen von Frauen nicht haben lüften können. Es ist ja auch beileibe nicht so, dass Männer sich dann dort wohlfühlen, wohin man sie aus purer Barmherzigkeit mitgenommen hat: zum Damenabend. Mitnichten! Aber das ist auch ein anderes Kapitel.

Gemeinsames

Heiße Diskussionen über den neuesten Bestseller? Das war einmal! Auch was die Vielfalt betrifft, haben die Gesprächsthemen ihrer Freundinnen gelitten, seit die Kinder da sind. Ausnahmen bestätigen die Regel. Auf Partys aber kommt sich Nicole manchmal vor wie die dreizehnte Fee am emotionalen Katzentisch. Oder, was manchmal ganz nett ist, als Konkurrenz. Selbst wenn die wenigsten noch mit dem Lover von vor zehn Jahren auftauchen, ist Nicole trotz aller Vernunft betrübt, noch nicht einmal bei dem Bäumchen-wechsle-dich in letzter Zeit mitmachen zu können. Warum bloß? Sie sieht nicht schlechter aus als andere, ist fröhlich, sportlich, klug, sie kann hervorragend kochen und, wenn es sein muss, sogar eine Wand verputzen. Hervorragend ausgestattet! Obendrein bestätigt ihr die Frauenärztin immer wieder, dass Nicoles Innenleben nur auf eine Schwangerschaft wartet ...

Auf ewig Unverbindliches, auf eine reine Sexgeschichte, auf komplizierte oder besser gesagt *bindungsunfähige* Männer hat sie seit längerer Zeit wirklich keine rechte Lust mehr. Das mit dem Naturburschen hat sie bloß gesagt, um Florian zu ärgern. One-Night-Stands bringen nichts mehr außer wenig berauschenden Sex. Da ist Alleinsein besser. Alles, was wir Nicoles vom Leben wollen, ist ein anregender, vitaler, humorvoller, verantwortungsvoller Mann. Also keinen Steffen, keinen Florian, keinen schönen Peter. Nicht allzu anspruchsvoll, glaubt der naive Laie, der nicht weiß, wie rar solche Exemplare gesät sind. Die Blaue Mauritius gibt's öfter.

Wohin bloß?

Auch das Sehen, Taxieren, Fühlung aufnehmen, Ausprobieren und Abwarten, was passiert – daraus sind ja schon dauerhafte Lieben entstanden – ist mit den Jahren nicht leichter geworden. In der Lieblingsdisco von einst braucht man nicht mehr aufkreuzen. Besser bleibt man in gefühlter Gleichaltrigkeit am Oldies-Abend im »Wir um die dreißig«. Was hatte man früher darüber abgelästert! Jetzt ist man bald dafür schon zu alt.

Anders als früher werden die Gelegenheiten selten, *fremde* Leute und damit natürlich auch potenzielle Liebhaber oder

Liebhaberinnen kennenzulernen. Hinzu kommt, dass Nicole nicht gerne allein ausgeht – die kleine Bar um die Ecke bleibt die rühmliche Ausnahme. Und zwar nur deshalb, weil sie sich denkt, was *andere* von ihr denken könnten. Anstatt in ihrem Lieblingscafé abends die Zeitung zu lesen – worauf sie durchaus Lust hätte, bleibt sie lieber zu Hause. Warum? Damit niemand sie für einsam hält. Warum darf einen eigentlich niemand für einsam halten? Ganz einfach: Eine Frau hat außerhalb der Kinoleinwand leider nicht unbedingt den *Einsamen-Wolf*-Vorteil. Im Gegenteil wird ihr angekreidet, dass sie »keinen gefunden« hat.

Gelegenheiten

Selbst wenn man einfach nur einen One-Night-Stand will: Sogar für den Spaß als solchen ist das Angebot an attraktiven Männern eher eingeschränkt – und wer will schon immer alte Ex-Lover wieder aufwärmen? Zugegeben, Nicole hat sich alle Jahre wieder einmal einwickeln lassen von Florians schöner Stimme, seiner Beharrlichkeit – aber eine feste Beziehung will sie keinesfalls mehr. Bei Florian ist sie sich trotz anderslautender Bekundungen da nicht so sicher. Neuerdings braucht Florian, so lässt er hin und wieder mit zarten Worten durchblicken, nach seinen wilden Jahren mit all den *anstrengenden* Frauen allmählich so etwas wie *Geborgenheit*, kurz: auch ein Nest. Was allerdings nicht heißt, dass Florian Geborgenheit zu geben imstande ist. In Wirklichkeit bekommt er jetzt bloß Angst, mutterseelenallein alt zu werden. *Tant pis*, wie der Franzose sagt, dein Pech. Jedenfalls wird Nicoles mitleidiges Herz davon nicht erweicht. Zu durchsichtig ... Außerdem will sie etwas Neues, keine sattsam bekannten Macken und Zicken dieser Diva namens Florian.

Liebe und Flirt im Beruf? Lieber nicht! Die Kollegen dort sind zusammen mit ihr vierzig geworden. Was einst ein ansehnlicher Knabe war, mit dem man zumindest beim Skifahren flirten konnte, ist mittlerweile in festen Händen oder oft behäbig und gesetzt. Hinzu kommt, dass Nicole schlicht die Energie fehlt, sich oft auf die Jagd zu begeben. Als erfolgreiche Diplom-Kauffrau ist sie in der Firma mehr als ausgelastet. Und abends oft nur mehr in der Lage, den Fernseher anzuschalten und sich mit den albernen Stories auf dem Bildschirm zu begnügen. Das ist ganz schlecht. Schließlich bekommt man dort Liebesfreud und -leid *en masse* serviert. Rosa Watte, Zuckerguss, Drama und Wahnsinn, und meist ein gutes Ende... Wäre sie nicht so todmüde, bevor der Erotik-Thriller beginnt, bekäme Nicole auch noch für dieses Bedürfnis ein TV-Surrogat.

Suchmaschinen

Was tun? Um dieser dringlichen Frage beizukommen, hat Nicole im wahrsten Sinn des Wortes die Suchmaschine angeworfen. In der Hoffnung, unter so vielen Singles möge doch auch der passende Mann – oder besser das passende *Profil* – für sie dabei sein. Die Möglichkeiten, mit jemandem unverbindlich Kontakt aufzunehmen, sind schließlich größer, als der Alltag einem gemeinhin gestattet. Die Gefahr, wieder Nieten zu ziehen, steigt damit aber auch rapide an.

In einschlägigen Internetforen und elektronischen Freundschaftsbörsen ist Nicole nun mit mancher ihrer Vorlieben und Aneigungen zu finden. Jeder kann nachschauen, wofür sie durchs Feuer gehen würde. Bislang zwar noch nicht fündig geworden, hat Nicole doch den einen oder anderen netten Abend mit unbekannten Männern verbracht. Stets hatte sie das Gefühl, der Abend wäre angeregt verlaufen. Nur mit wenigen jedoch kam ein weiteres Treffen zustande, spätestens nach dem dritten Mal hörte sie nichts mehr – und hatte auch selbst keine Lust mehr. Also schien das Interesse an ihr nicht allzu groß. Was nicht sofort lichterloh brennt, ist anscheinend schon zu kompliziert und pure Zeitverschwendung. Eigentlich schade, dass so viel Ungeduld in dieser Suche liegt: »Wenn man sich nicht gleich Hals über Kopf verliebt und anschließend im Bett landet, dann ist es schon nichts«, erzählt Nicole.

Auch die gute alte Kontaktanzeige in der Zeitung hat sie ausprobiert. Da ging es vergleichsweise altmodisch zu. Da schrieben manche noch rührende Briefe mit der Hand! Dieser Steffen hatte so wunderschön geschrieben, klug, gebildet, humorvoll ... er zeigte sich von der allerbesten Seite. Aber das war der, der immer noch bei Mama wohnte, derjenige mit dem übertriebenen Hang zu Dessous. Nicole war so verliebt in ihn! Doch er war *seeehr kompliziert* – wie er sich selbst bezeichnete – wir übersetzen das jetzt mal getrost mit »Bindungsangst«. Nach einem quälenden Dreivierteljahr war dann Schluss. Steffen ergriff das Hasenpanier. Zurück blieben die sündteure Wäsche und ein schaler Geschmack.

Was hat die Suche denn nun gebracht? Das Fazit, sei es nun postalisch oder elektronisch, fiel eher ernüchternd aus. Sicher, Flirten ist und war immer möglich. Die sogenannten Altlasten aber, von denen man bei einem Treffen von Angesicht zu Angesicht schnell erfährt, kamen auch beim virtuellen Mr. Perfect völlig überraschend ans Licht: Die Ehefrau, an der er noch so sehr hängt, die Kinder, die eine neue Freundin ablehnen, Schulden, dass sich die Balken biegen. Und was das Bett betrifft: Darüber war mittlerweile schon tausendmal gechattet worden, so dass von Anziehung, Spiel oder gar *Geheimnis* kein noch so klitzekleines Pixelbite mehr übrig blieb.

Mag es an der Anonymität im Netz liegen, welche jegliche Zurückhaltung fahren lässt: Nicole erfuhr, stellvertretend für viele andere, mehr als sie jemals von einem Mann beim ersten Treffen hätte wissen wollen. »Ob ein Mann eine Intimrasur hat oder nicht, soll herausfinden, wer will, und vor allem, wenn die Zeit dafür gekommen ist. Sonst ist es einfach bloß lästig«, meint Nicole. Doch vor ein paar Tagen hat ihr ein netter Mann geschrieben, der ulkigerweise nicht weit von ihr entfernt wohnt. Die beiden haben sich mit einer Flasche Sekt am Aussichtsturm verabredet. Irgendwie klingt der ganz bodenständig, warm und nett. Mal sehen ... Sie hat ein sehr gutes Gefühl. Drücken wir Nicole die Daumen.

Gemeinsames zweckfrei

Sicherlich kann man dem Zufall auf die Sprünge helfen. Zum Beispiel ganz simpel dadurch, dass man sich endlich aus seiner traurigen Eremitenhöhle bequemt und *handelt*. Lassen wir einmal den Zweck (Mr. Perfect) außen vor und begnügen uns mit der Gesellschaft netter Leute – indem man sich anderen Menschen anschließt, gemeinsame Interessen sucht und pflegt, etwas unternimmt, aktiv wird. Und dies nicht mit den ewigen Flirtgedanken im Hinterkopf! Reisen sind hervorragend geeignet, Menschen kennenzulernen: Schon nach ein paar Tagen scheidet sich sehr schnell die Spreu vom Weizen. Bei solchen Gelegenheiten kann man, auch wenn man darin noch ungeübt ist, menschliche Qualitäten schneller erkennen.

Nicht jeden Burschen, mit dem man am ersten Abend die *All-inclusive*-Bar geentert, alles von vorne bis hinten durchgekostet hat – an den anschließenden kleinen Mondscheintorkel am Strand will man lieber gar nicht mehr denken – kann man am Ende der Ferien noch ertragen. Warum so hastig? Lieber sich langsam einen ausgucken. Die Platzhirsche, die Schwätzer und Angeber sind es in aller Regel nicht, die unsere Aufmerksamkeit verdienen. Sonst kann man ja gleich wieder was mit dem schönen Peter anfangen!

Sport, Natur und Bewegung sind zum Beschnuppern bestens geeignet, sprich: alle Aktivitäten, im Laufe deren man noch mehr voneinander kennenlernt, als dass man sich womöglich attraktiv findet. Wo es um eine Persönlichkeit, um Wahrnehmung, Einfühlsamkeit und Courage (!) geht. Mit solch seltenen Eigenschaften wollen wir schließlich leben und nicht mit einem hübschen Hintern, Dackelaugen und einem hohlen Schädel! Alles befördert und bereichert die Jagdgründe, wo es sich nicht in erster Linie um möglichst schnelle Hormonschübe, sondern um ein gemeinsames *Tun* handelt.

Das kann je nach Interessenlage denkbar verschieden sein: Eine liebe Freundin von Nicole, die sich gerne mit spirituellen Dingen beschäftigt, fand in einem Meditationskurs sage und schreibe einen bodenständigen, gut aussehenden Biogärtner. Und die beiden sind so verliebt! Besser hätte es also nach Jahren der Einsamkeit gar nicht kommen können: Für Anni ist es genau das Richtige – und Nicole freut sich. Zwar hält sie selbst vom Gärtnern nach dem Mond nichts, aber das ist ja auch egal. Es sollen sich schon einige in ihren Wanderkameraden verliebt haben, als er sie auf seinen Armen durch die Loisach trug. Das ist nicht anders als mutig, verantwortungsvoll und zuvorkommend zu nennen. Eros sitzt schließlich nicht bloß im Kino, beim Japaner oder in der Fußgängerzone. Im Fitnessstudio ist er ebenfalls nicht häufig anzutreffen, noch nicht einmal in der Gemeinschaftssauna. Interessen machen interessant – vorausgesetzt man teilt sie.

Drama garantiert

Einen vor allzu großen erotischen Ansprüchen geschützten Raum kann man daher zum Kennenlernen schon einmal nachdrücklich empfehlen. Wer es indes pathetischer braucht, der wähle ganz im Gegenteil einen Platz, wo der ewige Geschlechterkampf und -krampf förmlich vibriert und für die Darbietung unabdingbar ist: Diverse Tangokurse sorgen seit etlichen Jahren zumindest in meiner Bekanntschaft wenn schon nicht für eheliche Bande, aber doch zumindest für heiße, leidenschaftliche sowie dauerhafte Affären. Eifersüchtige Ehemänner und -frauen sollten nie so naiv sein und glauben, mit dem Tangopartner liefe nichts. In 99 Prozent der Fälle ist das eine abgefeimte Lüge. Das geht gar nicht! Da *muss* etwas in der Luft liegen, anders sieht es nichts gleich. Ein Tangokurs hat den Vorteil, dass die Musik bereits die notwendige Schwüle erzeugt. Tanz und erlaubter Körperkontakt befeuert Leidenschaften, Lügen, später Blessuren und Skandale. Das muss sozusagen so sein: Nur dann ist die wahre Latino-Leidenschaft am Werke.

Wer unter uns also über ein gutes Rhythmusgefühl verfügt und auch mit hohen Hacken tanzen kann, der säume nicht länger und werde eine Latina. Der Vorteil ist, dass man sozusagen auf Tuchfühlung gehen muss – dabei kann man gleich feststellen, ob einem jemand, wie man in Bayern so schön sagt, *zwider* ist oder nicht. Mag auch die Fertigkeit zum Bauchtanz der Haremsdame Nicole durchaus Meriten bei den Herren verschafft haben, es ist doch eine eher einsame Angelegenheit. Wer einen humorvollen Partner sucht, sollte besser nicht in einen Lachyoga-Kurs gehen, das ist gar zu arg. Das sind aber schon die einzigen Warnschilder, die wir an dieser Stelle aufstellen wollen.

Noch eines: Eine gute Jägerin hat Geduld. Sie weiß, dass sie nicht innerhalb von ein paar Minuten schon sagen kann, wer infrage kommt oder nicht. Das Beste an der Liebe ist, dass sie uns lehrt, dass sie uns immer wieder überrascht. Wo man immer bloß nach einem Typen sucht, dessen Anblick bei ihnen »Schmetterlinge im Bauch« erzeugt – was ein so merkwürdiges wie dämliches Bild ist – da macht die Liebe plötzlich ernst und stellt genau den Mann, den man nie in Betracht gezogen hätte, plötzlich vor einen hin.

Leicht gesagt, den großen Zeit- und Erwartungsdruck herunterzufahren und sich gelöster zu geben, wenn man einsam und voller Sehnsucht ist. In einer solchen Verfassung kommt dann leider nicht Nicoles Charme zum Tragen, weder ihr funkelnder Witz, ihre Lust an der Diskussion noch ihr ansteckendes Lachen. Allzu sichtbare Bedürftigkeit nach Liebe erzeugt eher Abwehr beim Gegenüber. Mal sehen, ob wir einen mutigen Mann finden. Nicole wollte Florian ja nur hochnehmen mit dem knackigen Bauernburschen. Wenn die Männer ihres Alters so traurig geworden sind, sollte sie sich vielleicht einmal in einer anderen Altersklasse umsehen.

Ein junger Mann?

Freilich, warum denn nicht? Die sind durchaus interessiert an einer schönen reifen Frau, wie Sie, liebe Leserin, doch sicher auch schon öfter bemerkt haben dürften. Ja, der meint niemanden anderen als Sie, nicht die zwanzigjährige Blondine hinter Ihnen … Hinzu kommt, dass tatsächlich jede zweite Frau eine Braut ist, die sich mit einem jüngeren Mann traut. Demnach ist diese Konstellation keineswegs nur etwas für kurzlebige Affären. Oft sind jüngere Männer mehr an uns und einer Bindung interessiert als unsere gleichaltrigen Bekannten, die allmählich ihre bereits länger andauernde Midlife-Crisis durch nervöse Panik ersetzen.

Die sich ständig wehmütig an ihre wilde Jugend erinnern und sich wahrscheinlich schon deshalb gerne in Schulmädchen verlieben. Weil sie vielleicht nur dort den starken, den dominanten Mann mimen können, der sie nun einmal nicht sind – und leider auch nie waren. Das hätten wir schon gemerkt.

Sie haben Angst, die Armen – wie wir auch. Wohl ein gesellschaftliches Novum: Die Furcht vor dem Verlust körperlicher Attraktivität war anscheinend die längste Zeit Frauensache. Auch Männer plagt mittlerweile die Angst vor dem sichtbaren körperlichen Verfall – ein Blick ins Badezimmer eines alternden Beau verrät uns einiges darüber. Vorbei sind die Tage von Wasser, Seife und *Tabac Original*: Das reicht heute nicht mehr: Antifalten-Cremes sollen das aufpolstern, was bei Männern meiner Meinung nach geradezu als Ausweis der Anziehungskraft galt: die Lachfalten.

Danke, Julie!

Völlig *unsophisticated* sagte es die britische Star-Kolumnistin der *Times* Julie Burchill (49) nach ihrer Hochzeit mit einem 13 Jahre jüngeren Mann: »Zeigen Sie mir eine alte Mieze, verheiratet mit einem jungen Mann, und ich zeige Ihnen jemand, der nie Kopfschmerzen kriegt. Ältere Frauen halten junge Männer jung. Jüngere Frauen, je liebreizender sie sind, lassen ältere Männer noch älter aussehen. Vielleicht ist es bloß die Rache für all die Jahre, in denen Männer mit Frauen ausgehen konnten, während Frauen mit einem nur drei Jahre jüngeren Mann an ihrer Seite als Kindsräuberinnen galten.«

Für deren Brüder aus früheren Generationen war das Älterwerden überhaupt kein Problem. Weder bei der sich allmählich mittig verbreiternden Figur noch im Gesicht. Ein Mann, der noch alle Privilegien des Patriarchen genoss, brauchte gar nicht gut auszusehen. Das war angesichts seines Status als Krone der Schöpfung schon überflüssiger Luxus. Heute jedoch reibt sich der Schönheitschirurg die Hände: Tränensäcke, Bauchfett, Falten – das will auch der zeitgemäße Adam möglichst loswerden. Doch nicht etwa, um damit den Frauen zu imponieren, vielmehr um im Beruf als jung, agil und alert zu gelten. Grausame Zeiten für ein Alphatier. Doch damit sei es genug des Mitleids, wir waren immerhin noch in Adams jugendlicherem Zustand.

Was assoziieren wir oft mit einem Mann unseres Alters, wenn wir uns in unserem Bekanntenkreis umsehen? Bereits eine gewisse Saturiertheit und Engstirnigkeit, vom Revoluzzer ist er zum Gewohnheitstier geworden. Nicht dass das an sich unverzeihlich wäre, wir lieben sie auch so. Aber manche bestehen darauf, dass es jetzt bis in alle Ewigkeit auch so bleiben soll. Sie wollen auch nicht das Kleinste mehr an sich und ihrem Leben ändern! Offenbar fühlen sich viele weder fähig noch willens, Neues anzugehen – außer vielleicht eine neue Frau … als würde das mit einem Schlag alle alten Probleme lösen … Dabei bleibt man gerne selbstgerecht: Viele werden dem alten Sprichwort: »*Men love to teach*«, voll und ganz gerecht.

In Beziehungen mit jüngeren Männern geht es allerdings lustiger, offener und vor allem weniger hierarchisch zu. Damit auch viel anregender – sowohl Geist als auch Körper brauchen Anregung, nicht nur Letzterer. Und das bekommen sie auch. Zumindest bestätigen mir das die vielen Frauen, die auch nach Jahren noch glücklich sind mit ihrem jüngeren Freund. Wie lange werden sie glücklich sein? Eine Ewigkeitsgarantie hat diese Liebe ebenso wenig wie eine zwischen gleichaltrigen Menschen. Das Wesen beider muss sich ergänzen, Sexualität und Interessen ebenso – und nicht zuletzt das große Interesse für die Person des anderen, die wir in solchen Konstellationen häufig finden. All diese Eigenschaften bieten den besten Humus für eine dauerhafte Beziehung. Denn nur jung reicht leider auch nicht. Auch ein Mann muss mehr zu bieten haben als einen schönen *body* – Ausnahmen bestätigen die Regel.

Mit einem makellosen Körper hat eine solche Liebesbeziehung nämlich weitaus weniger zu tun, als die *Bunte* denkt, wenn sie denn denkt. Der jüngere Mann kommt zumindest bei uns Normalsterblichen gar nicht erst in den unbegründeten Verdacht, ein Statussymbol für prominente Frauen zu sein. Sondern es handelt sich um eine tiefe und für beide Seiten erfüllte Beziehung, die in unserer Gesellschaft allerdings immer noch zwiespältig aufgenommen wird. Eine Liebe, die Mut erfordert, auf beiden Seiten.

Lernen

Was zeichnet denn einen jüngeren Mann aus vor allen anderen Dingen neben Jugend und Attraktivität? Ein junger Mann ist noch nicht fertig – und er weiß das nicht nur, sondern kann dies auch zugeben. Er hat (noch) Lust von einer Frau zu lernen – er ist in einem neugierigen und gleichzeitig seiner selbst sicheren Alter. Daher muss ein junger Mann nicht um jeden Preis der Welt *seine* Erfahrung zum Maßstab aller Dinge machen. Wobei wir natürlich nicht wissen können, ob das Schicksal seiner Brüder dereinst nicht auch ihn ereilt, wenn er unflexibler, müder und gesetzter geworden ist. Noch aber *achtet* er die Erfahrung der Frau, die er liebt und die er sich gewünscht hat. Mit ihrer Erfahrung ist ganz klar eine in jeglicher Hinsicht gemeint. Also auch die erotische, die bei vielen unsicheren Männern keinen Wert an sich hat, weil sie ihnen nur Angst vor dem Vergleich einjagt.

Persönlichkeit und Weiblichkeit werden im Idealfall gleichermaßen hoch geschätzt. Dies ist wohl der gravierende Unterschied, der den jüngeren Mann von unseren eigenen Klassenkameraden unterscheidet. Diese haben entweder aufgrund ihrer

Erziehung oder Erfahrung eher Probleme mit einer selbstständigen Frau, an Weiterentwicklung scheinen sie oft keine Freude mehr zu empfinden. Von einem Flirt mit sehr jungen Frauen hie und da einmal abgesehen, die ihnen dann aber auch rasch zu anstrengend werden. Man ist schon bequemer, desillusionierter, trauriger geworden. Und oft auch selbstmitleidiger.

Ein Mann wie Florian ist dafür das beste Beispiel: Wie viele andere im Grunde sehr unsichere Männer braucht er viel Bewunderung und das Gefühl der Autorität – auch wenn sie sich auf wenig bis nichts gründet. Um jeden Preis der Welt will dieser Typus gelobt, ja beweihräuchert werden. Alles, was der Bestätigung seines fragilen Ego dient, ist ihm hochwillkommen – und darum scheint es ihm auch einzig und allein zu gehen. Das Maß der Unsicherheit zeigt sich auch in dem Wunsch, in der großen Sehnsucht danach, eine idealisierte männliche Rolle auszufüllen. Eine, die in einer gleichaltrigen Partnerschaft kaum denkbar wäre. Lernen möchte er von seinem Naturkind jedoch nichts. Warum auch? Er weiß ja schon alles – und möchte dies weitergeben.

Ganz anders die Jungen. Sie verlieben sich in die ältere Frau. Keine Bange, wir brauchen ihnen gar nicht nachzulaufen, sie kommen freiwillig und ganz von selbst. Und wie lange wir oder sie bleiben, entscheidet die Fülle und Qualität der Beziehung, nicht primär der Altersunterschied. Oder sind etwa Liebesbeziehungen zwischen gleichaltrigen Partnern oder solchen, die den idealen Abstand aufweisen (der Mann drei bis vier Jahre älter) etwa dauerhafter? In unserer Generation bestimmt nicht. Da steht man mit zweiunddreißig Jahren schon das erste Mal vor dem Scheidungsrichter, weil einen der Ehemann mit einer Jüngeren (!) betrog.

Mit Sicherheit waren dauerhafte Bindungen früher häufiger. Das zeigte sich in der mittlerweile rar gewordenen Fähigkeit und Verpflichtung, Verantwortung zu übernehmen. Wieder andere Stimmen sprechen davon, dass der Mensch eben nur auf eine temporäre Monogamie eingerichtet sei, aber nicht unbedingt auf Goldene Hochzeiten. Als die Lebenserwartung eines Paares buchstäblich kürzer war, traf das Gelöbnis »bis dass der Tod euch scheidet« natürlich öfter zu.

> **Bin ich auch wirklich verliebt?**
>
> In früheren Zeiten, als ein Paar natürlich auch materiell stärker aufeinander angewiesen war, gehörte die Entscheidung für einen (geliebten) Menschen, selbst wenn er nicht perfekt war, eher zur Beziehungsausstattung als heute. In unserer Zeit ist der materielle Faktor nicht mehr der entscheidende, sondern ein überhöhter ideeller Aspekt dominiert das Thema Liebe. Die große Idee der romantischen Liebe versuchte man in die Institution der Ehe zu pflanzen – diese Quadratur des Kreises hat so seine Schwierigkeiten, wie wir alle wissen.
>
> Wir leben in einer Zeit, in der die Ansprüche an eine Beziehung sehr hoch, die Durchhaltekraft, das große Ziel mit Liebe, Zärtlichkeit und Humor zu schaffen, hingegen gering ist. Eine an Kino und zweitklassiger dramatischer Belletristik geschulte Vorstellung von Romantik kann so manchen vielversprechenden Anfang ruinieren. Denn dann geht sie los, jene ewige Leier, die das Herz eines Schulmädchens analytisch auseinandernimmt: »Bin ich echt *verliebt*?«, fragt es sich nun schon seit Wochen. »So richtig? Warum klopft mein Herz nicht so heftig wie damals, als es mit dem schönen Peter losging? Was hatte der, was Leo nicht hat? Na, er sah eben so gut aus! Wieso ist es jetzt nicht das Feuerwerk, das ich mir, romantisch wie ich bin, so wünsche?« Falls jetzt eine Frau zu dem beinah zwingenden Schluss kommt, sie sei nicht verliebt, ist sie furchtbar enttäuscht. Und kreidet es dem armen Leo an, obwohl der Leo ja eigentlich ganz nett ist. Aber vielleicht wieder zu nett. Ja, das ist es: »Er mag mich zu gern. Ich bin wohl doch nicht verliebt ...« Und das aus dem Mund einer Vierzigjährigen, wohlgemerkt.

Jahrzehntelang einem albernen Klischeebild von Traummännern oder -frauen hinterherzulaufen, um dann kurz vor der Rente allmählich doch panisch zu werden – eine solche Einstellung wäre früher angesichts praktischerer Anforderungen an ein gemeinsames Leben als lächerlich empfunden worden. Ein Paar war ein Team, die romantische Liebe eine schöne Garnierung, aber nicht das alleinige Kriterium. Man trennte sich nicht so leicht – weder wegen diverser, in den Augen der Gesellschaft einem Mann stets zustehender Seitensprüngen, obwohl die Betroffenen darunter fürchterlich litten. Noch getraute man sich, der Kinder wegen seinen angetrauten Mann und Versorger zu verlassen. Die Fürsorglichkeit, auch Aufopferung für die Familie war ja großgeschrieben: Und schließlich brauchte doch der Mann auch seinen Lebensmittelpunkt, seine Familie, ob die Ehe nun glücklich war oder nicht. Er konnte sich doch alleine kein Spiegelei braten …

Frauen am Vorabend ihres vierzigsten Geburtstags aber haben mit der Suche nach dem Traummann heutzutage ihre liebe Not. Warum? Sie empfinden die Männer ihres Alters in ihrer Umgebung oft als bindungsscheu oder ängstlich, mit sozialen sowie Kommunikationsproblemen reich gesegnet, gleichzeitig jedoch ungeheuer anspruchsvoll. *Geschädigt*, wie es ein SZ-Autor neulich vermutete? Vielleicht. Schon aus diesem Grund sollten Sie daher, falls Ihnen mal ein junger Mann *echtes* Interesse signalisiert, nicht von vornherein abwinken und den Jungen, ohne ihn im Geringsten zu kennen, als »unreif« abqualifizieren. Sie müssten es mit Nicole doch am besten wissen, dass die Reife eines Mannes rein gar nichts mit seinem biologischen Alter zu tun hat. Die Reife, die Männlichkeit kommt allein durch wache und vor allem *reflektierte* (!) Lebenserfahrung – und diese ist nun einmal nicht in Portionen abgepackt und bei jedem in gleichem Maße. Vielleicht finden Sie etwas an und mit einem jüngeren Partner, was sie zuvor nicht kannten.

Zufriedenheit allerorten

Die Bandbreite in diesen Beziehungen ist groß und kann von spielerischer Freude bis zu einer bislang nicht gekannten emotionalen Tiefe reichen. Vielleicht erlebt eine Frau in unserem Alter zum ersten Mal auch wirkliche Lust. Immerhin passen der erotische Appetit eines jungen Mannes und einer älteren Frau eine herrliche Zeit lang sehr gut zusammen – was in anderen, auch gleichaltrigen Beziehungen durchaus oft ein Problem darstellt.

Untersuchungen zur *sexuellen Zufriedenheit* von Frauen haben gezeigt, dass diese im Alter von fünfunddreißig bis vierundvierzig Jahren bei etwa 24 Prozent liegt. Was ziemlich wenig ist, nicht wahr? Die nächsten zehn Jahre kommen immerhin auch noch auf 20 Prozent. Das liest sich in Zeiten wild wuchernder Feuchtgebiete zwar wirklich mager genug, noch dürftiger ist indes die sexuelle Zufriedenheit von Frauen im Alter von achtzehn bis vierundzwanzig Jahren. Und das überrascht dann doch! So viel mit allen Wassern gewaschene sexuelle Bravade – und dann so wenig erotisches *Glück*?

Wie wird denn die sexuelle Zufriedenheit eigentlich definiert? Besteht sie allein aus der Fähigkeit, zu einem Orgasmus zu gelangen – was eine männlich konnotierte Sichtweise ist? Das trifft sicher nicht zu – so jedenfalls eine grimmige Nicole, denn dann hätte es in so mancher Liebesbilanz wirklich düster ausgesehen. Nein, es sind viele Faktoren, die neben einer günstigen erotischen Stimmung (Begehren und Begehrtwerden, Abwechslung, die richtige Stimulation, aber ohne Lehrbuchcharakter, Fähigkeit zur Hingabe, Zeit oder eben leidenschaftlich wenig Zeit, erotisch stimulierende Fantasie) dazu beitragen – nicht zuletzt natürlich auch die jeweiligen Lebensumstände.

Und, was oft vernachlässigt wird, sind insbesondere auch *gesundheitliche* Faktoren. Eine depressive Verstimmung kann zu einem zeitweisen Verlust der Libido führen. Ebenso kann bei großer beruflicher oder seelischer Belastung das Liebesleben empfindlich leiden. Eine Totaloperation bringt auch hormonelle Probleme mit sich, die sich ebenfalls hemmend auf das weibliche Selbstverständnis und das Begehren auswirken.

Wie sag ich's ihm?

Daneben gibt es mehr als genug seelische Blockaden. Darunter auch diejenige, dass man seinem Partner weder sagen will noch kann, wie und was man im Bett lieber hätte. Sei es, weil man durch Erziehung trotz aller vorgeblichen Selbstsicherheit internalisiert hat, dass eine sexuell fordernde Frau sich keine Freunde macht. Sei es, dass der Mann sich nicht allzu sehr für den Körper seiner Frau interessiert. Oder weil man durch Erziehung oder Erfahrungen gehemmter ist, seine Wünsche selbst erst einmal anzunehmen – und sie vor allem adäquat zu artikulieren. Oder die richtige Balance zu finden zwischen Fantasie und Realität. Nicht jede erotische stimulierende Fantasie möchte, kann oder darf in die Tat umgesetzt werden. Im anderen Fall ist die Balance zwischen Anregung und Übergriff nicht leicht zu finden. Wie bereits erwähnt, ist die sexuelle Entwicklung eines Menschen oft auch eine von Verletzungen geprägte.

Fazit dieser Umfrage zur sexuellen Zufriedenheit, die übrigens in Amerika durchgeführt wurde, in einem Land also, in dem sich die Frauen offener zum Thema äußern als hierzulande – obwohl man der ganzen Nation fälschlicherweise Prüderie zuschreibt. War *Sex and the City* etwa prüde? Diese Studie wurde in allen gesellschaftlichen Schichten, Rassen und Berufen durchgeführt. Dennoch ist sie auch für uns repräsentativ.

Nachdem in Deutschland zum Thema »Weibliche Lust« leider weitaus weniger geforscht wird, können wir uns zumindest auf diese Daten stützen, welche die Medizinerinnen Drs. Berman in einem Buch mit dem Titel *The Sexually Satisfied Woman* vorlegten.

Es ist paradox: Frauen genießen offenbar den Sex am wenigsten, wenn sie selbst am schönsten und jüngsten sind. Wer hätte das gedacht, Dr. Sommer? Obwohl wir uns in diesem Alter vor Verehrern kaum retten können, wo Chancen *en masse* auf uns warten, kurz: wenn Tür und Tor zur körperlich erfüllten Liebe eigentlich wagenweit offen stehen müssten. Wer sich zurückerinnert, muss die schöne Vorstellung meist dankend ablehnen: Nein, so war es leider nicht. Wir mögen in unserer blühenden Jugend zwar viel Sex *haben*, was noch lange nicht heißt, dass wir auch viel *davon* haben. Eine reichhaltige und vielfältige Erfahrung hat uns gelehrt, dass auch in dieser Disziplin aller Anfang schwer war.

Wir lernen den Ablauf der Liebe meist von Männern beziehungsweise Jungen, die ein paar Jahre älter sind als wir. Das Ergebnis aber für uns selbst, unser eigener sexueller Genuss bleibt dabei leider oft auf der Strecke. Als Achtzehnjährige wird man sich nun einmal schwerlich in einen Neunjährigen verlieben, sondern in eher ältere Jungs, um von deren angeblicher Erfahrung zu profitieren und gerüstet zu sein für die Liebe, oder besser: die Erwartungen daran. Später aber, und insbesondere zwischen Mitte dreißig und vierzig sind neun Jahre Altersunterschied zwischen Mann und Frau nicht nur kein Problem, sondern auch mit viel Lust und Liebe sehr gut zu meistern. Wie gesagt, mehr als 24 Prozent werden die zufriedenen Damen offenbar nicht. Leider. Aber daran kann man ja arbeiten.

Verliebt trotz langer Beziehung

Wir finden die Vierzigerin (wieder) als Single, frisch verliebt oder natürlich auch schon viele Jahre einigermaßen glücklich in einer festen Beziehung. An dieser möchte sie, weil sie ihren Mann liebt, auch nichts ändern. Bis auf eine Kleinigkeit, die allerdings so klein nicht ist, sonst würden sich nicht so viele Paare damit beschäftigen: Zwar möchten wir nicht tauschen – und doch wäre uns manchmal weniger Gewohn- und Vertrautheit lieber. Insbesondere, was unser erotisches Leben anbelangt. Genau dies meint man ja auch in aller Regel, wenn man wortreich den »Abnützungseffekt des Alltags« beklagt – man meint ja nicht das ansonsten sehr gut eingespielte häusliche Mit- und leider manchmal auch Nebeneinander.

Wir müssen jetzt nicht die alte, vollkommen sinnlose Klage anstimmen, was der Alltag alles mit einem anstellt. Wir wissen alle, dass sich der Mensch, der sich frisch verliebt mit all seinen herrlichen Sonnenseiten präsentiert, nur wenig zu tun hat mit dem missmutigen Schrat, der man eigentlich ist – egal ob Mann oder Weib. Seinerzeit haben wir all unsere Vorzüge zur Schau gestellt wie der Pfau sein prächtiges Rad – um den Liebsten zu beeindrucken, in unser Bett zu ziehen und sodann in unser Leben. Nach und nach aber wird man allmählich wieder der Mensch, der man eigentlich ist, frei von den rigiden Zwängen des Balzverhaltens. Und schon kehrt der gemütliche Schlunz wieder ein.

Du lässt dich gehen ... sang Charles

Was sich natürlich auch negativ auf unser erotisches Leben auswirken muss. Zuerst auf Hochspannung und Seltenheit abonniert, weicht es nach und nach einem Gefühl der Geborgenheit, und da Sex rein theoretisch *immer* stattfinden kann, findet er bei vielen dann auch bald gar nicht mehr statt. Wer aber nicht mehr balzt, der schaut auch nicht mehr auf sich! Und das wird natürlich landauf, landab beklagt. Der große französiche Chansonnier armenischer Herkunft Charles Aznavour hat diesem beklagenswerten Umstand ein unsagbar melancholisches Chanson mit dem Titel *Du lässt dich gehn* gewidmet, welches zwar alt, aber dennoch vollkommen zeitlos ist. Man kann es getrost auswendig lernen und zu gegebener Zeit mit französischem Zungenschlag vortragen. Nicole hat das jedenfalls gemacht, was Florian immerhin eine Weile davon abhielt, nur mehr in seinen ältesten bequemen Jogginghosen herumzusitzen. Lang hielt es nicht, aber es war den Versuch wert. Es ist, fern jeder pädagogischen Absicht, ein wunderbares Lied. Und so aktuell!

Fallenlassen ist nicht Gehenlassen – Manieren!

In der Tat zeugt allzu häufiges Sich-Gehen-Lassen davon, dass man sich seiner Sache erstens ziemlich sicher ist – sonst würde man sich nicht sozusagen ungeschminkt zeigen. Natürlich ist ein solches Grundvertrauen in Maßen positiv. Schließlich kann man nicht immer großes soziales Theater spielen. Andererseits aber, falls in dieser Gemütlichkeit eine gewisse Grenze überschritten wird, zeugt es einfach nur noch von schlechten Manieren, die weder Männern noch Frauen besonders gut anstehen. Manieren – und darüber kann man übrigens seine unerträglich pubertierenden Girlie-Gören auch unmissverständlich aufklären, manifestieren *keineswegs* die Unterdrückung der Freiheit des Einzelnen, sie schaffen vielmehr Respekt vor dem anderen.

Selbst Charlotte Roches Heldin Helen Memel bohrt auf dem Klo in der Nase – was das gute, ungezogene Kind auch für wichtig genug befand, es uns minutiös mitzuteilen. Niemand von uns würde das beim Abendessen mit den Kollegen tun. Warum also vor dem Partner, mit dem man das Bett teilt? Ohne gegenseitigen Respekt geht auch die erotische Anziehung, ein ziemlich wetterwendisches Geschöpf, sehr schnell flöten. Alles kennen heißt nicht alles lieben. Ich muss bestimmte Dinge bei meinem Mann überhaupt nicht kennen – und umgekehrt! Allzu große Vertrautheit – oder besser das gemeinsame Ausleben geballter schlechter Manieren – tut der Beziehung nicht gut. Die erotische Seite wird darunter empfindlich leiden, weil sie das *fremde* Element in einem vertrauten Menschen braucht. Nicht einen rüpelhaften großen Bruder, der einem irgendwann nur mehr auf die Nerven geht.

Wer an den Manieren des anderen trotz aller Nachsicht allmählich doch einiges zu bemängeln hat, soll dies offen zur Sprache bringen. Notfalls auch mit Liebesentzug reagieren. Schlechtes Benehmen ist nämlich kein Kavaliersdelikt, sondern nichts als die schiere Unhöflichkeit. Dabei handelt es sich um fehlende Selbstdisziplin zum einen wie auch fehlende Achtung vor dem *Mitmenschen* – was der Partner ja auch ist, sollte man dies hin und wieder vergessen! Freiheit und Selbstverwirklichung bestehen nicht darin, wie es eine Frauenriege unserer Stadt in ihren Vierzigern eine Weile praktizierte, ungeniert einen fahren zu lassen, wo es passte oder eben nicht. Eigentlich passte es nie. Und so wurden auch die Partys bald deutlich seltener, Angebote, zusammen in den Urlaub zu fahren, wurden mit dem zarten Hinweis auf die schlechten Manieren der Mädels abgeschmettert. Dieses Verhalten ließ sich auch nicht damit entschuldigen, dass sie sich als Feministinnen und Künstlerinnen bezeichneten. Hat doch weder das eine noch das andere damit auch nur das Geringste zu tun.

Wer ändert sich zuerst?

Ändert sich trotz aller Mahnungen nichts? Dann sollte man sich gut überlegen, ob wirklich noch alles stimmt – und falls nicht, notfalls bald die Konsequenzen ziehen. Nicht, ohne zuvor alles versucht zu haben, versteht sich. Dazu gehört natürlich auch, mit leuchtendem Beispiel ins Reich der feinen Umgangsformen voranzugehen. Man kann nicht etwas beklagen, woran man selbst durch Nachlässigkeit und Bequemlichkeit Anteil hat. Einen anderen Menschen in seinen Grundzügen zu ändern ist schwer bis unmöglich. Ebenso schwer wie die eigenen schlechten Gewohnheiten abzulegen.

Da aber gutes Benehmen gegenüber anderen *soziale* Gepflogenheiten sind, über deren Grenzen sich eigentlich jeder Mensch, der seine fünf Sinne beieinander hat, klar ist, und keine von der Evolution tief in die Gene geschriebene Lizenz, muss es doch möglich sein, bei sich und anderen die Justierschrauben gegen die Bequemlichkeit anzusetzen! Denn darum handelt es sich, neben dem Mangel an Respekt, der zwischen Liebenden groß sein sollte. Für eine stabile, glückliche Beziehung aber ist dieser jedenfalls unerlässlich.

Weißt du noch?

Man sollte niemals vergessen, woher man als Paar kommt. Auch wenn man schon lange miteinander lebt. Erinnern Sie sich bitte wieder an jene ersten Momente, als genau dieser Mensch etwas so unglaublich Besonderes war! Wie vorsichtig man sich damals aufeinander zubewegte, was einem so gut am anderen gefiel. Die schlechten Manieren werden es mit Sicherheit nicht gewesen sein. Erinnern Sie sich lächelnd an den ersten Kuss, das Herzjagen, wenn Sie nur bloß an ihn dachten!

Selbst wenn dies ein unwiederbringliches Stück Vergangenheit ist: Wer es sich wieder und wieder vor Augen führt, muss auf andere Gedanken kommen, als sich gerade vor diesem Menschen, vor diesem Mann, vor dieser Frau gehen zu lassen. Um anschließend, wenn man sich schon nicht mehr ertragen kann, ein scheinheiliges Lamento über die Erosionskräfte des Alltags anzustimmen. In aller Regel meint man damit nur die Erosion der Anziehungskraft des *anderen*, nicht so sehr die eigene. Oder sind Sie sich etwa so langweilig? Na also. Ihrem Mann, so viel ist sicher, dürfte es ebenso gehen.

Bestenfalls haben Sie beide sich miteinander, aneinander zu einem liebevollen Paar entwickelt und genießen ihr Leben zusammen. Auch dann mag man noch genug mit Leben, Lebensunterhalt und Perspektiven zu kämpfen haben, gar keine Frage. Aber das Miteinander, das Paar ist sozusagen eine ganz eigene Person an sich, der man möglichst viel Raum, Zeit und Geduld schenken sollte. Nachdem ein jeder in seinem eigenen Leben forsten muss, ob und was gut und was schlecht ist an der Ehe oder langjährigen Beziehung, werden wir uns hier auf einige einfache – aber immer sehr schwer zu leistende Dinge – beschränken. Es ist wie bei einem gut angelegten, gepflegten Garten: Da muss man halt mal etwas Verblühtes abschneiden, ein bisschen kürzen und stützen, hie und da etwas aufbinden – und schon gibt es wieder genügend Licht und Luft.

Atmosphäre

Es soll tatsächlich Paare geben, die glücklich sind, wenn sie sich am Abend wiedersehen. Paare, die sich ganz einfach aus dem

Grund aufeinander freuen, weil sie einander eine anregende und gute Gesellschaft sind. Sie sind sich lieb. Was auch jeder sehen kann. Zum Beispiel an der Zärtlichkeit, mit der sich diese beiden Menschen begegnen. An den kleinen aufmerksamen Gesten, an sichtbarer Freude, mit der man auch nach Jahren seinen Mann, seine Frau betrachtet. »Wie schön, dich zu sehen!« Natürlich ist das ein Luxus, von dem viele Frauen und Männer schon nach einem Vierteljahr Beziehung nur mehr träumen können. Wesentlich ist, dass man in der Gegenwart solcher Paare die Liebe sehen, hören und spüren kann. Wer seinen Bekannten- und Freundeskreis dahingehend einmal betrachtet, wird leicht feststellen, dass dies nicht zum Allgemeingut gehört.

Immer machst du ...

Was wir nämlich bei anderen Turteltauben zu Hause häufiger hören: Launen, genervte Kommentare, Gezänk. Manchmal sogar böse Streitereien, die peinlich berührte Außenstehende überhaupt nichts angehen. Offenbar streiten solche Paare gerne vor Publikum: »Dem/Der zeig ich's jetzt!« Hinzu kommt oft die Herabsetzung des Partners vor anderen, indem man sich über seine diversen Macken oder Defizite beschwert, mokiert oder ihn anderweitig bloßstellt. Das geht sogar manchmal so weit, dass man intimste Dinge vor anderen ausbreitet, um den anderen zu kränken oder aus seiner Lethargie zu reißen – oder beides.

Nicht, dass man in Gegenwart von Freunden nicht auch einmal sagen dürfte, was uns am anderen stört, was uns auf den Nägeln brennt. Doch der Ton macht die Musik! Es ist einfach hässlich zuzuhören, wenn jemand seinen Mann, seine Frau vor anderen systematisch abwertet – insbesondere wegen Dingen, die ans Eingemachte gehen und deren Gründe nun wirklich nicht fehlendem Willen angelastet werden können. Etwa, dass der Lebensstandard aufgrund bestimmter Entwicklungen nicht so hoch ist, wie man sich das einmal erträumt hätte ... Materielle Enttäuschung kann oft recht grausam werden. Solche Dinge vor anderen auszubreiten – oder in Gegenwart des Partners andauernd darauf herumzuhacken, ist kein schöner Zug. Schließlich leidet er ja auch darunter.

Du bist schön

Eine Atmosphäre der Liebe sieht anders aus. Sie kennt Respekt, Schutz, Achtung im täglichen Umgang. Nicht dass es dabei immer nur harmonisch zugehen kann oder sollte. Kräche gehören natürlich auch dazu, aber eben auch Versöhnung, Humor, Lachen, Zärtlichkeit, Spannung. Man kann sich das Begehren zeigen – wenn andere dabei sind, bitte diskret. Die Zeiten sind auch bei ehemaligen Girlies vorbei, da die ganze Straßenbahn bis zur Endstation am tiefen Zungenkuss teilhaben durfte. Gefreut hat's keinen – und neidisch war auch keiner. Aber das war eine lässliche Jugendsünde – wir haben eben für so vieles Publikum gebraucht. Jetzt brauchen wir das nicht mehr.

Was vielmehr ist uns heute wichtig in unserem erotischen Leben? Zum einen haben wir endlich begriffen, dass sich auch außerhalb des Schlafzimmers eine Stimmung aufbauen kann. Die erotische Kommunikation hat, wie jeder sehr wohl noch weiß, wenn er sich zurückerinnert – etliche Gesichter und Spielarten – und davon wollen wir auch ein paar wiedersehen! Denn es ist ja auch nicht so, dass Männer und Frauen dies nicht wüssten, man vergisst es nur immer wieder gerne. Aus reiner Bequemlichkeit, weil man sich auch im Bett schon als ein eingespieltes

Team sieht. Spielen aber gehört dazu. Es genügt bereits, Kleinigkeiten des erotischen *setting* zu verändern. Immer die gleiche Vorgehensweise, stets derselbe Anfang – das bekommt schnell unabsichtlich etwas von einer Routine, die wirklich niemand wünscht.

Fremd und vertraut

Die Quadratur des Kreises: Den Alltag gemeinsam leben, erleben – und ihn gleichzeitig auch hin und wieder komplett heraushalten. Einen Alltag, den wir nun schon länger teilen. Schließlich sind wir schon einige Zeit zusammen. Jeder, der dies wünscht, weiß: Es ist nicht einfach, sich eine Nische als Paar zu erhalten zwischen Schularbeiten, pubertierenden Töchtern und dem Stress im Büro. Bei allen guten Vorsätzen gelingt dies auch keineswegs immer. Doch den Alltag oder besser seine problematischen Seiten wie Ungeduld und Gereiztheit allzu weit schleifen zu lassen, rächt sich. Spätestens dann, wenn das Licht ausgeht: Dann herrscht oft Flaute.

Sich den ganzen Tag über wie zwei Megären anzukeifen und alsdann samstägliche Ekstase im Schlafzimmer zu erwarten, ein solches Programm ist wirklich nur etwas für Hartgesottene. Begehren kommt immer auch aus dem fremden Element im anderen. Innige Vertrautheit mag der emotionalen Bindung sehr guttun, das erotische Leben hingegen braucht dringend die bekannten *unbekannten* Facetten. Wie fänden wir unseren Partner, wenn wir ihn heute kennenlernen würden? Manche Paare in unserem Alter sehen sich allerdings so scheel an, während sie sich in aller Öffentlichkeit darüber auslassen, wie der andere wieder aussieht – dass wir lieber nicht nachfragen wollen, ob die beiden sich gerne noch einmal kennenlernen wollten.

Terra incognita

Falls ja, ist das ein reizvolles Spiel. Wer liebt, weiß, dass er seinen Mann, seine Frau niemals durch und durch kennen wird. Er weiß, dass der andere ein Stück *terra incognita* bleibt, bleiben muss. Ebenso wie wir uns selbst auch immer wieder aufs Neue überraschen. Zumindest wollen wir das hoffen ... Der Mensch an unserer Seite ist eben nicht selbstverständlich, nicht zu unserem ausschließlichen Gebrauch bestimmt. Er bleibt stets auch fremd, ist wahrscheinlich das unerklärlichste Wesen neben uns selbst, mit dem wir es zu tun haben. Dieses Bewusstsein der Fremdheit in Verbindung mit dem vertrauten Umgang der Körper kann immer wieder die notwendige Spannung schaffen, ohne die selbst eine große Liebe leicht zu einem Brüderchen-Schwesterchen-Verhältnis werden kann. Geborgenheit? Lieber danach. Überdies gilt nicht die Quantität, sondern die Qualität der sexuellen Begegnung. Auch das haben wir im Laufe unserer Liebes-Gesellenjahre gelernt.

Noch einen lieben Blick wert?

Wir sind ohnehin in einem Alter der Umbrüche. Natürlich auch, was die Liebe anbelangt. Entweder neu verliebt, fangen wir – hoffentlich um ein paar Erfahrungen reicher – wieder von vorne mit dem Nestbau an und möchten, wie es so treffend heißt, so gerne von Altlasten frei sein. Oder wir sind jetzt so lange mit unserem Mann zusammen, dass es uns geht wie vielen anderen Paaren, bei denen *peu à peu* das aufregende Moment selten geworden oder gar abhanden gekommen ist. Wir alle wünschten uns, dass die Freude aneinander, das überschwängliche Glück, länger anhält. Aber wir wissen aus Erfahrung, wie schwer es ist, dieses zu bewahren.

Es ist insbesondere eine Frage des Nachdenkens und der Aufmerksamkeit, die man diesen Dingen widmet. Wo dies nicht oder nicht mehr stattfindet, wird der Alltag uns völlig überwuchern. Was brauchen wir, um uns als Paar immer wieder zu finden? Ganz einfach. Das, was es zu Anfang ja auch war. Ein liebevolles und lebendiges Interesse an Geist, Seele und Körper des anderen ist nach wie vor vorhanden – Liebe eben. Das ist die einzige Grundvoraussetzung. Daraus lassen sich auch in einem langen gemeinsamen Leben immer wieder Funken schlagen.

Ich kann dich nicht mehr sehen!

Falls Sie indes am Frühstückstisch an sich halten müssen, um ihren Mann nicht mit dem Eierlöffel zu köpfen, weil er schon wieder so *unmöglich isst* und so schrecklich laut *atmet* – ja, das durften die Freundinnen alles schon miterleben! –, dann ist es wahrscheinlich besser, den armen Tropf nicht länger mit all seinen Defiziten zu plagen und sich einen anderen Mann zu suchen. Er muss doch atmen, dafür kann er nichts! Vielleicht ist der arme Mann dann ja auch ganz froh. »Ein Abschied schmerzt immer, auch wenn man sich schon lange darauf freut«, schreibt der Dichter Arthur Schnitzler. Das Argument: »In meinem Alter finde ich sowieso keinen mehr«, ist nicht nur dumm, sondern auch ausgesprochen gemein. Mit vierzig muss man sich nicht schon aufs Beziehungs-Altenteil setzen, der Partner ist keine Lebensversicherung. Wer den anderen so sichtbar für alle nicht mehr liebt, sollte den Mut und die Fairness aufbringen, wieder allein zu sein.

Veränderungen registrieren

Ein aufmerksamer Blick registriert so manches: Hat ihr Partner sich denn in den letzten Jahren verändert – und wenn ja, in welcher Hinsicht? Damit meinen wir nicht, dass die ersten grauen Haare kommen oder die Figur etwas gelitten hat. Wir meinen einen umfassenden Blick auf unseren liebsten unbekannten Nächsten. Sind die inneren Veränderungen groß? Und wenn nicht, ist das angemessen für die Persönlichkeit und die Beziehung? Ist das nun eher positiv oder negativ zu werten?

Dieser Blick betrifft den *ganzen* Mann. Also auch den Mann in unserem Bett – aber eben nicht *nur* diesen. Aber da wir nun schon beim Bett sind: Was macht ihm heute Freude, im Gegensatz zu früher? Wieso macht ihm dies oder jenes offenbar keine mehr? Oder liegt es an mir? Bin ich abweisender, ruhebedürftiger oder was auch immer geworden – und wenn ja, warum? Was ist begehrenswert für ihn? Was für mich? Wie kann ich das in unserem Leben leichter verwirklichen?

Falls Ihnen etwas auffällt, fragen Sie behutsam. Nicht als Forderung, denn dies bewirkt meist das Gegenteil. Nicht nur unsere Lust hängt stark von äußeren Umständen ab, die wir nicht immer selbst bestimmen können und denen wir mitunter hilflos ausgeliefert sind. Wer unter permanenter Überlastung, sei es nun in körperlicher oder seelischer Hinsicht, leidet, wer um seinen Job bangt oder an einer großen nervenaufreibenden Arbeit sitzt, wer sich mit Betonköpfen im Geschäft herumärgern muss, der ist leider nicht auf Abruf für uns da. Falls man seinen Liebsten noch gut wahrnimmt, ist die Anspannung meist deutlich zu spüren. Falls nötig, sollte man ein liebevolles Gespräch führen, aber nicht zu viel darüber reden.

Männer sind in aller Regel nicht so mitteilsam wie Frauen, wenn es um ihre Nöte und Sorgen geht. Nicht in die Enge treiben, keine großen Vorwürfe machen. Eher zusehen, dass man aus seiner Routine hin und wieder anderweitig ausbricht, etwas unternimmt, eine andere, neue Umgebung wählt als das Schlafzimmer, in dem ja nicht nur wir, sondern ebenso gut unsere Grübeleien und Sorgen zu finden sind.

Was ist bloß los mit mir?

Auch das mag mit zunehmendem Alter ein Thema sein: Der Körper wird ruhiger, manchmal zu ruhig ... Welche Frau war darüber noch nicht am Grübeln: »Wieso habe ich nicht so viel Lust auf Sex wie früher, als wir beide so verliebt waren? Wie wird denn das, wenn ich älter werde? Kann ich dann gleich ins Kloster gehen? Ich begehre ja auch niemand anderen, das ist es nicht. Ich bin eben nur oft so müde. Ich wünsche mir das Begehren von früher zurück.« Nur ruhig. Wir sind noch nicht einmal vor uns selbst dazu verpflichtet, jeden Tag Sex zu haben oder auch nur welchen zu wollen. Selbst wenn es in Feuchtgebieten anders zugehen mag. Auf dem Papier geht manches häufiger und leichter. Nicht nur mit dem Partner, sondern auch *mit sich selbst* sollte man daher liebevolle Geduld aufbringen. Am besten, man lauert nicht mehr so ängstlich darauf, wann sie nun endlich kommt, die Lust. Mit dem Ergebnis, dass dieses launenhafte Geschöpf es am Ende vorzieht, ganz fernzubleiben.

Eine unersetzliche Sprache

Sex ist nicht, wie früher so oft der Fall, ein selten geglücktes Experiment der Körper oder hauptsächlich die notwendige Selbstbestätigung, wie begehrenswert wir auf dem Markt der Eitelkeiten sind. Von Genuss war ja länger nicht die Rede, die Anfänge waren nicht leicht. Im Laufe der Zeit aber hat sich dieses wechselseitige hastige Monologisieren vielmehr gewandelt zu einer vielschichtigen, komplexen Sprache, die einen vollkommenen Dialog zu führen imstande ist und doch keiner Worte bedarf – und die auch durch keine andere zu ersetzen ist.

Diese Sprache der Körper hat Buchstaben, Silben, Wörter und Sätze – und ganze Geschichten. Auch der Wunsch, das Bein seines Mannes beim Schlafen zu fühlen, gehört zu dieser Sprache, die feine Haut auf der Innenseite der Oberarme, das fröhliche Lachen, wenn man ihn nach der Arbeit sieht. Die erwachsene Sexualität ist *eine* wichtige Form der Kommunikation zwischen Menschen, zwischen Liebenden, und es gibt darin kein für immer festgeschriebenes Muster. Wer sich selbst unter Druck setzt, kann und wird lange auf Lust warten. Dafür kommt sie ganz plötzlich wieder, wenn man es gar nicht erwartet, oder besser: *weil* man es gar nicht erwartet. Solange sie – wie bei jeder anderen Kommunikation auch – den Zugang zum anderen nicht verliert, ist alles in Ordnung.

Wann denn? Morgen ...

Im normalen Leben mit seinen tausend alltäglichen Kleinigkeiten wird das Private gerne »nach hinten« vertagt – gerade so, als wäre das Zusammensein prinzipiell stets verfügbar und immer möglich, wenn erst die Steuererklärung geschrieben oder endlich das Schuhregal zusammengeschustert worden ist. Das stimmt nicht. Denn nachdem einem die Gebrauchsanleitung einen mittleren Nervenzusammenbruch beschert hat, hat kaum ein Mensch noch Lust, ins Bett zu gehen, sogar wenn die Kinder endlich draußen sind und einen niemand stört.

Also wurstelt man weiter – die Liebe kommt später. Morgen. Übermorgen. Wer merkt – und das *kann* man merken, wenn man kein Holzklotz ist – dass er ausgerechnet an der Zeit mit dem Partner spart, der kann und sollte darüber nachdenken: Ist *wirklich* keine Zeit füreinander da? Oder sind die vielen Pflichten nichts als eine heftige Flucht vor der körperlichen

Nähe – auch der zu sich selbst? Oder weiß man schon gar nicht mehr, wie das eigentlich geht: Zeit miteinander zu haben? Dann sollten wir es bald wieder zu lernen versuchen.

Das geht wider Bequemlichkeit und Routine, mag sie auch noch so liebevoll sein – ist also bestens dazu geeignet, uns ein ganzes Stück weiterzubringen. Wir wissen heute eher, was uns gefällt. Das heißt jedoch nicht, dass alles nach einem bestimmten, gut erprobten Schema ablaufen muss – selbst wenn es am Ende sehr befriedigend und schön ist. Also etwas mehr Fantasie! Zunächst aber ist unsere eigene gefragt, bevor wir gähnend die der anderen einfordern.

Zeit lassen

Es gibt, rein technisch betrachtet, nun einmal die vier Phasen der Sexualität: Appetenz, Erregung, Klimax, Entspannung. Appetenz einmal vorausgesetzt: Dass vor ihr auch noch etwas kommt, wissen wir: Blicke, Gesten, Zeichen, kurz: eine erotische *Stimmung*. Und dann landet man im Bett – und auf einmal soll es dann ganz schnell gehen. Dabei sind wir keine fünfzehn mehr und hätten die Hast gar nicht mehr nötig. Dafür sind wir gestresst und haben ja noch soooo viel zu tun. Wirklich? Manchmal gönnt man sich selbst nicht die Zeit, wirklich erregt zu werden. Aus welchen Gründen – insbesondere, wenn dies häufiger vorkommt – muss jede Frau selbst entscheiden. Falls die Hektik aber darin liegt, dass man sich schon fast schuldig fühlt, weil man nicht so spontan ist und quasi auf Knopfdruck Lust empfinden kann: Es ist wichtig, auch diese Zeit für sich als selbstverständlich anzunehmen. Und notfalls auch dem Partner behutsam beizubringen, dass es nicht sofort geht, so schön und leidenschaftlich das auch sein kann. Druck und Sex passen einfach nicht zusammen, weder bei einem Mann noch bei einer Frau.

Vergangenheit

Nicht nur wir Girlies, sondern auch unsere Männer sollten einen sexuell-erotischen Reifeprozess erlebt haben, der seinen Namen verdient: Sex *kann* man nämlich lernen – vorausgesetzt man ist lernwillig, lernfähig und einfühlsam – und man trifft die richtigen Lehrer und Schüler. Die reife Sexualität besteht nicht nur aus drei beherzten Handgriffen, wie so mancher auch nach langen Lehrlingsjahren immer noch glaubt. Denken wir an unsere Liebesanfänge zurück, können wir nur den Kopf schütteln, teils amüsiert, teils bestürzt: Was hat man damals alles geglaubt? Was galt nicht alles als Sex und Freiheit, was bei Licht betrachtet, doch ziemlich aufgesetzt war?

Wir dachten immer, man müsse dem Bild des frechen Mädchens entsprechen, das sich nimmt, was es will: fordernd, tough, selbstbewusst. Doch wer von uns war das schon wirklich – mochten wir auch in noch so schweren Doc Martens über die Herzen unbedarfter Jungs trampeln? Heute wissen wir mehr. Auch darüber, wie komplex unsere eigene Sexualität ist, und ebenso sehr die der anderen Menschen. Das bedeutet nicht, dass sie übermäßig kompliziert sein muss. Wir sind es selbst, die unsere Sexualität gestalten können. Dazu sind wir jedoch nur fähig, wenn wir uns mit unserer eigenen *Biografie* – und der unseres Partners – auseinandersetzen. Wegschauen gilt nicht: Mit vierzig sollte man allmählich dazu in der Lage sein, auch schmerzliche Dinge aufzuarbeiten. Es können nicht ein ganzes Leben lang immer nur die anderen an unserer Misere schuld sein.

Körpergedächtnis

Die Vergangenheit war und ist auch beim Thema Sexualität, wie generell beim Thema der seelischen und körperlichen Nähe von allergrößter Bedeutung. Dazu gehören auch Mechanismen, die wir zunächst gar nicht unmittelbar mit der Sexualität assoziieren. Das Körpergedächtnis ist weitaus langlebiger als die konkrete Erinnerung. Manche Reaktionen verstehen wir selbst nicht, solange wir uns nicht damit beschäftigen. Doch wir leiden diffus unter Rückzugstendenzen, Angst vor den eigenen Gefühlen und anderen Dingen. Unser Körper erzählt, indem er so oder so reagiert. Insofern sind wir indirekt immer wieder mit der Vergangenheit konfrontiert, ob diese nun in der einen oder anderen Weise problematisch war oder nicht. Für künftige gesündere und vor allem sexuell glücklichere Zeiten empfiehlt es sich daher, sich mit der persönlichen Vergangenheit, der buchstäblichen Beziehungsgeschichte, ihren Defiziten und positiven Erlebnissen in dieser Hinsicht intensiv und produktiv zu befassen.

Vor-Bilder, Bedürfnisse

Dabei kann es schon hilfreich sein, Bedürfnisse oder Ängste klarer vor sich selbst zu benennen. Und auf jeden Fall zu versuchen, diese nicht einfach als gottgegeben hinnehmen. Wie hat sich in uns ein *Bild der Sexualität*, wie hat sich in uns Frauen das Bild eines Mannes geformt? Welches Bild einer Frau könnte der Partner mit in die Beziehung gebracht haben? Welches Bild unserer Eltern haben wir dabei vor Augen und wie könnte man auch deren Beziehung zueinander begreifen? Wie gut oder wie schlecht konnten wir mit ihnen über diese Dinge kommunizieren – und warum?

Und dann später: Inwieweit ging man im Laufe seines Liebeslebens aus Vernunft, Gefälligkeit oder Unsicherheit gegen die eigenen vitalen Bedürfnisse vor? Natürlich sehnt man sich nach einer nervenaufreibenden Liebe, nach Ruhe und Sanftmut. Aber das passte einem auch wieder nicht, zu wenig Männlichkeit, zu wenig Auseinandersetzung. Was ist männlich? Bedeutet dies, dass jemand gerne Kanu fährt? So etwas ist selbst in unserem Alter noch zu hören. Allmählich ist jedoch etwas mehr Reife in jeder Hinsicht anzuraten: Man wird schließlich nicht jünger, allenfalls gescheiter. Wenn man Glück und Mut hat.

Man sieht's: Während unsere gleichaltrigen Männer ihre x-te Midlife-Crisis pflegen, sind wir in aller Ruhe doch noch einigermaßen erwachsen geworden. Und eine erwachsene Frau kann und wird anderen Sex haben als ein halbgares Girlie, das es doch bloß wieder allen recht machen wollte. Anspruchsvoller, tiefer, lustvoller. Wir sollten daher alles daran setzen, unseren Mann entweder dorthin mitzunehmen, das Wissen um uns und unsere Bedürfnisse mit Genuss in Affären einzubringen. Oder eben so zu leben, wie es uns und unserer Sexualität *gemäß* ist.

Dazu mag auch gehören, selbstbewusst keine andere Beziehung zu haben außer eine gute zu sich selbst. Wie sagte schon eine Freundin, eine begeisterte Cineastin übrigens, die seit Langem allein lebt und dies zu Recht auch als ein Stück Freiheit betrachtet, sich nicht mit Affären über Affären gegen das Leben allein zu betäuben: »Ich finde nicht, dass Billy Wilder die schlechteste Gesellschaft ist.«

Kleine Kinder, keine Kinder & große Kinder

»Was, morgen ist mein *Vierzigster*? Um Gottes willen, du hast ja recht! Du lieber Himmel! Hätte ich beinah vergessen! Was unternehmen? Feiern? Äh ... ganz schlecht ... am Nachmittag muss Paul zum Zahnarzt, die Zahnspange anpassen. Nein, die Große kann das nicht machen ... Die lernt verzweifelt Chemie. Und danach ist noch Fußballtraining. Abends? Na, duschen, Vorlesen ... Dann falle ich ... na gut. Klar könnt ihr kommen. Aber bitte erst um neun! Und eins sag ich euch gleich – um elf werfe ich euch wieder hinaus. Die Mama muss schließlich früh raus.«

»Nein, es ist nicht mehr *ganz* so wie früher«, sagt Anne betrübt, als die Freundinnen abends alle versammelt um den Tisch sitzen, die abgekämpfte Noch-Neununddreißigerin Pia in ihrer Mitte. »Denk doch mal zurück: Du warst doch immer die Letzte, die nach Hause gehen wollte! Wie oft bist du beim ersten Hahnenschrei nach Hause ... äh ... geschwankt ... Und nicht immer allein, meine Schöne. Und jetzt? Du schläfst uns ja noch am Tisch ein. Na, das Alter geht ja gut los bei uns.«

»Ja, mit Spaß ohne Ende hat es schon lange ein Ende. Seit dem Nestbau ... Vor allem, seit die Kinder da sind. Und dann der Halbtagsjob, der keiner ist! Seitdem weiß ich eigentlich nicht mehr genau, wo mir der Kopf steht. Fragt mich mal, wie es mir geht.«

»Wie geht es dir?«, fragen alle folgsam, wie aus einem Munde.

»Ich weiß es nicht! Könnt ihr das im Ernst glauben – dass man selber nicht mehr weiß, wie es einem geht? Ehrlich: Jetzt werde ich vierzig – und ich fühle rein gar nichts. Außer dass ich ziemlich müde bin und zu dick. Das ist schon ein bisschen wenig, oder nicht?«

»Du hättest es machen sollen wie Julia. Die war so früh dran damals – und schrecklich neidisch auf uns, weißt du noch? Weil wir noch keinen plärrenden Säugling daheim hatten. Weil wir *frei* waren, … frei sein hieß im Endeffekt ausgehen und flirten bis in die Puppen. Aber wir haben brav abwechselnd Babysitter gespielt, damit sie auch mal vor die Tür kam. Jetzt ist der Bub zwanzig und studiert in Berlin. Und unsere Julia ist verdammt unternehmungslustig geworden. Jetzt, sagt sie, ist sie noch mal jung. Aber diesmal ohne Kind …«

»Na, mit mir wird das nichts mehr. Mit der Unternehmungslust, meine ich. Bis meine Gören groß sind, kann ich dann im Park Boule spielen. Macht ihr mit?«

»Na klar! Never change a winning team!«

Allmählich wird Pia wieder wach, ihre Augen strahlen. Und sie genießt die Gegenwart ihrer besten Freundinnen sichtlich. Man sieht sich viel zu selten. Warum eigentlich? Ist diese ganze Überforderung nicht manchmal bloß Bequemlichkeit? Dabei ist es doch so nett, wenn man mal wieder alle da hat. Die alten Zeiten … Schon der Gedanke daran möbelt einen wieder gehörig auf!

Natürlich hat sie um 23 Uhr keinen ihrer Gäste vor die Tür gesetzt. Im Gegenteil, als die anderen gehen wollten, fiel ihr immer noch eine neue alte Geschichte ein.

Ihr Mann Max war übrigens zu seinen Musikern entfleucht. Natürlich nicht, ohne schon einen lieben, kleinen Geburtstagsbrief auf den Nachttisch zu legen. Und eine wunderbare, frische Rose, selbst gepflückt … Er mochte Pias Freundinnen gerne, aber er wäre als einziger Mann an diesem Abend einfach fehl am Platz gewesen. Max gehört zu den wenigen Exemplaren, bei denen in diesem Punkt zarte Andeutungen vollauf genügen. Ehrlich gesagt, an weiblicher Gesellschaft reichen Max seine Frau und seine Tochter Louise ...

Kleine Kinder

Manche von uns packen es erst jetzt mit der Mutterschaft – oder sie bekommen nach einer längeren Babypause noch einen Nachzügler. Der Gesellschaft zum Trotz, die bei einer älteren Mutter öfter entrüstet die Stirn runzelt, als handle es sich um etwas Unstatthaftes, während sie gerührt dem Opa Beckenbauer zum neuen Sprössling seiner Lenden gratuliert: Wann immer Sie nun Mutter geworden sind oder dies recht bald vorhaben: Scheren Sie sich nicht darum! Nachdem jedem die psychologischen und vor allem medizinischen Vor- und Nachteile bekannt sein dürften, überlassen wir diese den Frauenärzten.

Der große Vorteil besteht darin, dass man mehr an das Kind denkt als an sich selbst. Wer seine Kinder wie Julia sehr jung bekam, war für das berühmte »Zurückstecken«, welches Kinder zwangsläufig mit sich bringen, oft noch nicht reif. Was sich damals in weniger Sensibilität und weniger Aufmerksamkeit dem Kind gegenüber zeigte ... zudem war man oft noch verstrickt in Eheprobleme, spannende Affären und nicht zuletzt noch mitten in der komplizierten Selbstfindung: Da hat man nicht so viel Muße, sich über Gebühr um ein kleines Wurm zu kümmern. Erwachsenwerden machte dem Girlie ja bekanntlich Probleme – und tut es vielleicht bis heute. Nachdem man aber mit einem Kind in jedem Falle wenigstens *etwas* erwachsener wird, hat man jetzt als Mutter die allerbesten Karten. Und viel mehr Geduld, was immens wichtig ist.

Und schon kommt auch gleich der große Nachteil hinterher: Man denkt mehr an das Kind als an sich selbst. Und »erzieht« dabei, oder besser: *verzieht* dabei, ohne dies je gewollt zu haben, winzige, grässlich altkluge Tyrannen und Tyranninnen, die zwar gefördert, aber nimmermehr gefordert werden. Und die sich noch mit sieben Jahren nicht allein den Hintern abputzen können, wollen – oder dürfen. Das ist nicht gelogen! Man hat als liebende Glucke, die allerdings auch in ihrem Kind einen Trost und Wärmespender sieht, immer bloß lächelnd den Anfängen der Tyrannenherrschaft zugesehen. Und nun, da es einem selbst schon auf die Nerven geht, ist es vielleicht nicht zu spät. Aber es wird immer schwerer, wenigstens hin und wieder einmal seinen Willen durchzusetzen. Und nach der hundertsten heftigen Schrei- und Stampforgie sagt man sich schließlich erschöpft: »Ach, es ist doch gar nicht so schlimm, wenn das liebe Kindchen immer seinen Willen durchsetzt.« Und das nur, weil man ihm nichts, aber auch gar nichts abschlagen *kann*! Man schafft es einfach nicht. Warum ist das so schwer? Wie glücklich war man einst, so *existenziell* gebraucht zu werden, von diesem süßen kleinen Ding, das indes sooo süß ja nicht blieb: Jede Ungezogenheit wurde wortreich entschuldigt. Das Ende vom Lied kann man allerorten kopfschüttelnd bestaunen: Trotz aller guten Vorsätze hat man schließlich mit viel Mühe und noch mehr Nachsicht ein naseweises Wesen herangezüchtet, das einen Erwachsenen keinen Satz ausreden lässt. Das wird in der Pubertät recht heiter werden. Denn dann hat man das Nachsehen mit seinem Spurenelement elterlicher Autorität.

Nicht nur das ist ein Problem: Man wird mit den Jahren viel ängstlicher, wittert überall Unfälle, böse Menschen, potenzielle Verletzungsgefahren. Und so soll das Kind am besten den ganzen Tag drinnen hocken, ein bleiches armes Würmchen werden, das nicht mehr weiß, wie man ein Rad schlägt, und nicht mit seinen Freunden draußen umhertollen darf. Kinderleben spielt sich heutzutage in einem Radius von vier Metern (!) von Erwachsenen entfernt ab. In unserer Kindheit war das noch ein bisschen anders. Voller Neid lauschen wir den Leuten, die uns erzählen, dass sie als Kinder die Erwachsenen nur zur Nahrungsaufnahme zu Gesicht bekamen – und umgekehrt! Paradiesische Zeiten, in denen man noch keinen Terminkalender brauchte. In denen man nicht so viel Zeit hatte für die Kinder und noch darauf vertrauen durfte, dass sie sich gegenseitig auch etwas anderes als Unsinn beibringen.

Die Angst der Eltern färbt auf das Kind ab. Und irgendwann will dann der Junge auch gar nicht mehr raus. Kein Wunder, wenn er stattdessen immer *Star Wars* spielen kann? Kein Wunder, wenn ihm die lieben Eltern schon bei einer zweistündigen Wanderung mit der Rotkreuzbahre hinterherrennen. »Du armes, angestrengtes Kind!« Unsere Kinder zeigen auffällig viele Bewegungsdefizite, sind oft zu dick und sehen zu viel fern, bis zu drei Stunden am Tag. Das Leben findet einstweilen ohne sie statt.

Immer mit der Ruhe

Also, liebe Mutter mit vierzig, die zum ersten Mal ein Baby auf dem Arm hat: Immer mit der Ruhe. Sie sind wichtig, das Kind ebenso. Sie sollen natürlich alles tun, um ihr Kind zu fördern und ihm bei Problemen zu helfen. Doch muss ein Kind sich auch beweisen dürfen, sprich: Frustrationen aushalten lernen. Außerdem geben Erwachsene den Ton an und nicht die Kinder. Erziehung bedeutet auch nicht, sich als alleiniger Spielgefährte zu etablieren. Dies überfordert Erwachsene und Kinder gleichermaßen. Ein Kind soll mit anderen Kindern Umgang haben und sich mit und bei Gleichaltrigen sozialisieren lernen. Als Einzelkind zumal. Lassen Sie Ihren kleinen Liebling groß werden, auch wenn sie sich vor dem Tag schon jetzt fürchten. Er wird sie nicht immer so brauchen wie jetzt – und zwischendurch auch nicht immer so lieben … Unterbinden Sie bitte nicht aus lauter Liebe – und weil es so schön war, als der Kleine so niedlich war und immer die Mama heiraten wollte – die überlebensnotwendige Selbstständigkeit. Er darf Sie sowieso nicht heiraten.

Nehmen Sie jene guten Seiten, jene niemals für möglich gehaltenen Errungenschaften freudig hin und genießen Sie mit fröhlicher Überraschung: Jetzt haben Sie auf einmal richtig Lust am Kniffel- und Fußball-Quartett-Spielen, was Ihnen früher ein Graus war. Jetzt basteln Sie an Weihnachten sogar Goldpapier-Sterne! Das hätte mal in Ihrer bunten Techno-Phase bloß einer vorschlagen sollen. Sie sind wirklich reifer geworden – und entdecken eben neue Talente an sich. Auch Ihr Kuchen schmeckt übrigens viel besser als früher, als sich Ihr Mann weigerte, die unansehnlichen Erzeugnisse aus Ihrer Backstube zu essen. Gratuliere! Man sollte die Hoffnung eben niemals zuschanden werden lassen.

Vom Zicken- zum Gluckenalarm!

Die Glucke aber toben Sie besser woanders aus – zum Beispiel bei Ihrem lieben Mann, dem ein bisschen mehr Fürsorge von Ihrer Seite nicht schadet und der sich nach Ihrer Aufmerksamkeit sehr sehnt. Schließlich hat er doch auch einen Anteil an dem Wunderwesen im Stubenwagen gehabt und nicht bloß Sie! Übertriebene Fürsorge – manchmal nur ein anderes Wort für *Kontrollsucht* – hemmt unsere Kinder und macht sie ängstlich. Doch sie müssen allmählich lernen, ohne uns im Leben zurechtzukommen. Dazu gehört auch, dass sie sich notfalls mal ein Ei in die Pfanne hauen oder einkaufen gehen können. Und wissen, wozu in aller Welt ein Besen gut ist. Helfen Sie ihren Kindern beizeiten, Schritt für Schritt die Abnabelung zu vollziehen. Manchen Eltern in diesem Alter sollte man klarmachen, dass ihr Kind nicht ihnen gehört.

Insofern dürfen Sie in diesem Punkt ruhig auf die besorgte Umwelt hören: Falls also im Freundeskreis blanke Verwunderung herrscht, warum das schulpflichtige Töchterchen immer noch auf dem Klo nach der Mama ruft, warum es immerzu quengelt und frech ist wie Oskar – dann glauben Sie bitte, dass all das nicht selbstverständlich so sein muss. Kinder sind nicht *so*, man züchtet sie selbst zu kleinen Egoisten heran. Ein paar goldene Regeln für ein gedeihliches Zusammenleben gelten auch und gerade für Kinder! Kinder müssen andere achten lernen, sogar – man höre und staune – ihre ergebenen Sklaven, die Erwachsenen.

Es gibt nicht nur die *Freiheit* eines Kindes – oder wie Sie's in Ihres Herzens Einfalt nennen, wenn direkt vor ihrer Nase eine Tyrannin reinsten Wassers heranwächst – sondern um die eines jeden Menschen. Die Mutter ist eben keine Dienstleisterin, sie ist ein Mensch. Ab und zu muss man Kinder wie Mütter schon daran erinnern. Und dann sagt das Mütterlein hilflos: »Mein Kind kann halt so gut argumentieren ...« Wie wär's mit einem einzigen Wort: *Basta*!?

Wer so lebt, der wird nur mehr wenig für sich tun. Manchmal ist diese Art Aufopferung auch ein willkommenes Druckmittel. Eine Frau kann sich hinter ihrer Mutterschaft wunderbar verschanzen und darüber vielleicht bewusst vergessen, dass dies nur ein Interim im Leben ist. So erfüllt und schön diese Zeit sein mag – auch sie geht vorbei. Und später bekommen wir jeden Monat einen Anruf aus Berlin, dass es dem Jungen gut geht – außer dass er ein bisschen knapp bei Kasse ist. Spätestens dann sind alle Eltern, ist jede Frau wieder auf sich gestellt ... es sei denn, sie erklärte sich bereit, die Enkel ebenso aufopfernd zu versorgen. Früher war eine Frau mit vierzig oft schon eine Großmutter. »*Eeecht?* Nicht zu fassen«, staunt das Girlie.

Keine Kinder

Das tut furchtbar weh, wenn's wehtut. Dagegen gibt es auch keinen wirklichen Trost, also versuchen wir es erst gar nicht. Man kann es nur annehmen. Es gibt allerdings aus unserer Generation genügend Frauen, die heilfroh sind, dass sich andere mit den Gören herumplagen müssen und nicht sie. Frauen, die Kinder schon immer zu anstrengend fanden. Und die sogar Angst um ihren Lebensstandard haben, wäre da noch ein drittes Wesen da – das anscheinend in der Hauptsache als zusätzlicher Stress- und Kostenfaktor empfunden wird. Es liegt aus verschiedenen Gründen nicht jeder Frau, Mutter zu sein – und das muss sie auch nicht. Es gibt viele andere Aufgaben, die genauso befriedigend, die ebenso schwer und schön sind.

Bei den meisten noch kinderlosen Frauen um die vierzig aber liegt das größte Problem nicht in ihrem eigenen Wunsch, sondern in der traurigen Tatsache, dass sie den richtigen Mann für ihren Kinderwunsch bisher nicht gefunden haben. Und fragt man diese Frauen heute, so haben sie auch ehrlich gesagt nicht mehr viel Hoffnung, dass sich dieser Missstand ändert. Wo sollte der verantwortungsvolle, beziehungsfähige Mann denn über Nacht plötzlich herkommen? Also wieder das alte Lied vor dieser und den nächsten Geburtstagstorten: *So lonely*.

Allmählich unter Druck

Während man in jüngeren Jahren einfach getrost weiter auf die Zukunft vertrauen konnte, wird der Silberstreif am Horizont jetzt allmählich deutlich matter. Neben der Angst oder einem Gefühl der Resignation, vielleicht wirklich alleine bleiben zu müssen, ist nicht allein das Fehlen eines Partners, was vielleicht zu verschmerzen wäre, sondern damit auch der Verlust einer eigenen Familie zu beklagen. Hinzu kommt der Druck, die berühmt-berüchtigte »biologische Uhr« ticken zu hören.

Dieser geballten Mängelliste steht man mit zunehmendem Alter hilflos gegenüber, denn es betrifft gleichermaßen empfindlich das Selbstverständnis einer Frau. »Du hast keinen Freund? Du lebst allein? Was, du hast noch keine Kinder?« Früher war uns das egal, da wir uns ja bis in alle Ewigkeit jung und wild mit unseren Doc Martens durchs spannende Leben stapfen sahen. Kinder? Eine feste Beziehung? Das war doch etwas für Spießer. So *tough* und so selbstbewusst allein wie wir waren, hätten wir niemals in Betracht gezogen, dass wir uns doch einmal eine Familie wünschen könnten. Und jetzt fehlt uns etwas. Bleibt das der Status quo? Hoffentlich nicht.

Noch nicht erwachsen

Insofern ist es wie in dem Film *Actrices*: Halt, nicht ganz, denn Sie sind doch eine vernünftige, reife Frau. Oder etwa nicht? Auf die komisch-verzweifelte Frage von Marcelline, warum in aller Welt ausgerechnet sie immer noch keine Kinder habe, entgegnet nämlich ihre Mutter: »Weil du selbst immer noch nicht erwachsen bist.« Das sitzt! Und es stimmt auch oft genug! Aber, so heißt es dann schluchzend, die Männer sind noch viel schlimmer! Sie wollen sich immer noch nicht binden. Das Familienleben scheint so anstrengend zu sein, dass man es lieber gleich bis auf den Nimmerleinstag verschiebt.

Dabei werden auch Männer erst groß, so jedenfalls Matthias Kalle, dem Analytiker der Generation »Wir und die Dreißig«, wenn sie das Leben mit einem Kind kennenlernen. So mancher Mann wird dann ganz schnell katholisch. Leider aber verabschieden sich dann auch viele andere mit ungebührlicher Hast. Verantwortung? Nein danke!

Schaff ich das allein? – Lebensmodelle

Welcher Mann sollte das in meinem Leben denn sein? Wo finde ich ihn, wenn ich abends total platt vor dem Fernseher hocke? Wieso möchte mein Freund immer noch keine Familie? Wird er sie denn jemals wollen? Dies und anderes fragen sich viele Frauen, die von der Liebe und der Bindungsfähigkeit des modernen Mannes ähnlich ernüchtert sind wie Nicole.

Andererseits kommen ihnen recht aufmüpfige Kinder-Gedanken: »Soll ich es einfach alleine wagen? Das könnte ich doch schaffen! Lieber alleine ein Kind erziehen als noch zusätzlich ein großes Männerkind, schwer erziehbar dazu ...« Andererseits ist es natürlich ein stichhaltiges Argument, darauf zu verzichten, wenn man seine Kinder in einer Familie erziehen und Mr. Right einfach nicht auftauchen will.

Andererseits: Wenn es der innigste Wunsch im Leben (geworden) ist – und diesem sollte man sich nicht um einer wackeligen Beziehung willen verschließen – dann könnte man sich dafür auch andere mögliche Lebensmodelle überlegen. Auf eine Vaterfigur muss ein Kind einer alleinerziehenden Frau deswegen noch lange nicht verzichten. Wozu gibt es kinderliebe begeisterte Großväter, Onkel, Freunde? Wenn man bedenkt, wie lange die deutschen Ehen trotz der Kinder durchschnittlich halten, so sollte man sich die Sache vielleicht doch noch einmal vernünftig überlegen. Für sich, für das Kind. Weit entfernt vom Trotz der frühen Feministinnen, die schon beinahe negierten, dass *frau* zur Zeugung ein männliches Wesen braucht, sollte man hier konstruktiv nachdenken. Wer der festen Überzeugung ist, Kinder gehörten unabdingbar zu seinem Leben, der solle sich endlich darum kümmern – ob mit oder ohne Mr. Right! Außerdem ist es nicht gesagt, dass dieser nicht doch noch des Weges kommen könnte ...

Reue kommt immer zu spät

Manche ältere Frauen – also weit jenseits der jungen vierzig – spüren eine regelrecht nagende Reue, dass sie keine Kinder bekommen haben. Obwohl sie, als sie jung waren, nie welche haben wollten. Weil alles andere immer wichtiger war: die Karriere, die Ehe, der Spaß, das Ausgehen, die Ungebundenheit. Und plötzlich tut es doch fürchterlich weh – je älter und vielleicht einsamer man wird, desto schlimmer. Man sollte sich auch im Hinblick auf eine solche Zukunft doch gut überlegen, weshalb man eigentlich Kinder haben möchte ... Kinder und Eigennutz haben miteinander nichts zu tun.

Eine solche Haltung erscheint einem wie die angejahrten ewigen Junggesellen und Kneipenhocker, die sich jetzt, kurz vor der Rente, wenn sie denn eine bekämen, frierend nach einem warmen Zuhause sehnen. Solche Männer zeigen in diesem elementaren Bedürfnis auch keinerlei Hemmungen, es eben gerade in den bereits verlassenen Nestern dann wieder zu versuchen! Aber dies nur nebenbei.

Wenn Sie jetzt plötzlich, nachdem Sie bislang sowieso unsterblich und vor allem begeisterter Single waren, Angst haben, dereinst im betreuten Wohnen keine Besuche zu bekommen, ist das nicht gerade ein überzeugendes Argument, um Kinder zu bekommen. Die sind nicht unseretwegen auf der Welt, das ist ein Irrtum. Wer jedoch solche Fälle kennt, der weiß, dass Kinderlosigkeit gerade im Alter schwer zu schaffen macht. Die Einsamkeit kann groß und die Reue dementsprechend entsetzlich sein.

Aber der bewusste Verzicht auf Kinder war eine Entscheidung auf unserem Wege, mit der wir leben müssen – und mit Abstrichen auch können.

Zeit füreinander

Das gilt auch für ein Paar ohne Kinder: Man kann auch ohne Kinder ein sehr schönes Leben, seine erfüllende Arbeit, aber auch vor allem die Liebe genießen. Jetzt erst recht! Immerhin können Sie etwas miteinander unternehmen, miteinander sprechen oder schlafen, wann immer Sie wollen, und nicht, weil der Kleine gerade beim Fußballtraining ist. Das hat viel für sich. Günstige Gelegenheiten müssen Sie in diesem Fall nicht suchen. Sie können zusammen reisen, so viel Sie möchten, können für sich sein, ungestört lesen, im Garten werkeln und nachher noch zusammen ins Konzert gehen. Alles ungestört und zusammen – oder auch allein. Diese Freiheiten sind sicherlich viel wert.

Außerdem gibt es immer genügend Möglichkeiten, mit Kindern umzugehen, selbst wenn es nicht die eigenen sind. Im Beruf zum Beispiel. Man muss nicht ohne den Kontakt zu jungen Leuten leben, wenn man sich danach sehnt. Wer todtraurig in einen Kinderwagen schaut, der ist kaum zu trösten. Aber so klein bleiben die süßen Kleinen nicht! Sie werden groß und garstig! Na ja, wenigstens sollten Sie das glauben, das macht diesen Kummer vielleicht leichter.

Große Kinder

Das ist natürlich wunderbar: Das Girlie wird endlich erwachsen – und das über alles geliebte Kind, der verwöhnte Thronfolger, gleich dazu! In einem Aufwasch sozusagen, wenn auch nicht gemeinsam! In dieser Phase verbinden einen durchaus die großen Herausforderungen und Kümmernisse des Erwachsenwerdens. Die schmerzliche Einsicht zum Beispiel, dass die Zeit einfach nicht für uns stehen bleiben will! Ob fünfzehn oder vierzig – das zwickt immer ... Waren Sie also früh dran mit dem Kinderkriegen, haben Sie jetzt eigentlich ganz gute Karten. Zumindest in einer Hinsicht: Es winkt bald deutlich mehr Freiheit!

Freilich kommt jetzt das große Aber: Vorausgesetzt, Sie haben es geschafft, dass das Kind beizeiten einigermaßen *selbstständig* wird. Was? Das mittlerweile sechzehnjährige Riesenbaby kann noch nicht alleine zum Supermarkt gehen, das zarte Pflänzchen? Weil er übernächstes Jahr Abi machen muss, kann er nicht mal eine Packung Spaghetti holen? »Wieso denn bloß? Das mach ich doch sonst auch nie«, heißt es bei solchen Anfragen dann ganz verwundert. Vielleicht ist es ja für die elterliche Argumentation nützlich, dass laut dem Kinder- und Jugendpsychiater Michael Winterhoff in seinem lesens- und vor allem bedenkenswerten Buch *Warum unsere Kinder Tyrannen werden. Oder: Die Abschaffung der Kindheit* es bereits einem fünfjährigen Kind ohne Weiteres zuzumuten ist, den Tisch zu decken.

Für die Mädchen gilt natürlich dasselbe: Wir Ex-Girlies und bekennende Schlampen erziehen unsere Töchter nicht mehr zu tüchtigen Hausfrauen. Das sind wir schließlich ebenso wenig. Aber wir tun, im Gegensatz zu unseren Gören, zwangsläufig immerhin so als ob, denn wir wollen ja nicht in unserem Augiasstall ersticken. Das Ende vom Lied ist, dass die Mädchen sogar beim Aufhängen ihrer eigenen Unterwäsche maulen. Da haben wir aber noch Glück, weil sie in anderen Elternhäusern noch nicht einmal das tun müssen. Reiten ist doch viel wichtiger. Es geht doch nicht, dass wir unseren Kindern mit derart lästigen Pflichten die kostbare Kindheit vergällen. Das ist falsch gedacht.

Der beste Rat, den wir mitgeben können, ist daher die bisweilen mühsame Erziehung zur Selbstständigkeit. Und das betrifft nicht allein die Fähigkeit zur selbstständigen und meist ungefragt geäußerten Meinung! Nein, die Sache ist ganz konkret: Runter von der Couch und im Haushalt zusammenhelfen! Der Chef hier bin immer noch ich! Ein schön kontroverses Motto, das Sie sich bald zu eigen machen sollten.

Paradox

Wir Vierzigerinnen sind paradoxe Blüten der Frauenbewegung: Wir sind selbst emanzipiert, bringen Beruf und Familie leidlich unter einen Hut. Wir leiden häufig darunter, dass Männer sich im Haushalt nur widerwillig betätigen und viele von ihnen dies nicht einmal durch allerlei Fertigkeiten in Haus und Hof kompensieren. Nein, manche sind einfach stinkfaul! Dass jedoch andererseits unser geliebter Goldjunge nur unter Androhung schwerster Strafen und Computer-Entzug einen Besen zur Hand nimmt, nehmen wir gelassen hin. Hoffen, dass sich das schon *irgendwie* von selbst auswächst. Armes Mädchen, das diesen faulen Jungen einmal bekommt ... Wir bedenken in der Tat nicht, was passiert, wenn zwei kleine Egoisten aufeinander losgelassen werden.

Allmählich dämmert es uns harmoniesüchtigen Gluckeneltern: Auch Kinder sollten für gewisse Dinge die Verantwortung übernehmen lernen. Ach ja? Das sind ja ganz neue Töne, geboren aus purer Verzweiflung: Haben wir nicht jahrelang selber diesen uralten, lahmen Hamster ausgemistet, weil wir machtlos waren vor dem triumphierenden Satz: »Du kannst mich nicht zwingen!«? Also machten wir es dem armen Nager wieder gemütlich und verhinderten bis zu dessen Hinscheiden eines schönen Frühlingstages einen Schritt in die richtige Richtung, die nur Selbstständigkeit heißen kann. Wir haben das arme Vieh auch noch eigenhändig eingesargt, bei den Maiglöckchen im Garten. Die Jugend hatte für so was keinen Sinn und ließ es sogar in dessen letzten Stündlein an Pietät fehlen. Andererseits wachsen einem ja auch nur die Dinge ans Herz, wofür man etwas tut.

Ich geb Gas!

Falls uns die eigene Selbstständigkeit lieb ist – was bedeutet, dass wir nicht bis in alle Ewigkeit für zumindest physisch gesehen Erwachsene mitschuften wollen – ist es jetzt an der Zeit, endlich ordentlich Gas zu geben. Der Vierzigste ist bekanntlich bestens für gute Vorsätze geeignet. Einer davon sollte lauten: »Ich tue nichts mehr, nur weil ein anderer es einfach nicht tun *will* – obwohl er es längst tun *kann*.« Anfangs gehört zwar Durchhaltevermögen dazu, wenn sich die Socken vor dem Bett türmen. Ein Tipp: Stopfen Sie diese einfach dem Sohnemann ins Kopfkissen. Das wird ihn ganz schnell heilen. Wie ein Mantra kann man sich das vorsagen: »Ich fange an meinem vierzigsten Geburtstag endlich an, mein Kind auf die raue Welt da draußen vorzubereiten. Indem ich ihm einen Einkaufskorb, einen Besen, einen Kochlöffel und Wäscheklammern in die Hand drücke.« Ungeachtet des wortreichen Jammerns oder der mürrischen Laune, womit er oder sie sich zu entziehen sucht. Einfach hart bleiben. Gratuliere!

Die Kinder sollen groß werden, verdammt noch mal. Oder sollen sie klein und hilflos bleiben, damit Mama auch noch dem Fünfunddreißigjährigen die Wäsche machen oder, anders gesagt, eine gewichtige Rolle in seinem späteren Leben spielen darf? Lernt er nur deshalb nicht endlich kochen, damit es ihn später immer wieder unwiderstehlich zu Mamas Kalbsbraten zieht? Weil sie den besser kann als die Frau, die sowieso nicht an Mama herankommt? Manche unter uns nämlich schreckt bekanntlich die Aussicht, ihr Kind könnte sie einmal nicht mehr für die existenziellen Nöte brauchen. Im Gegenteil: Wir haben das Kind so dringend für unser Selbstwertgefühl gebraucht. Eigentlich hat man Kind und Kinderliebe als Bollwerk gegen die feindliche Welt da draußen benutzt: Zuneigung und Abhängigkeit der Kinder waren das reinste Lebenselexier.

> **Wir machen alles mit!?**
>
> Freiheit – ich komme! Vorausgesetzt, die Pubertät Ihres Jüngsten nimmt nicht so viel Zeit und Kraft in Anspruch, weil sie sich beispielsweise künstlerisch höchst eigenwillig ausdrückt. Beim Graffiti-Sprayen etwa – was dann schon einmal teuer werden kann. Oder Ihr Sohn bemalt neuerdings weibliche Oberschenkel und stellt die Body-Painting-Kunstwerke dann ins Netz. Denkt man da nicht auch manchmal den Satz, vor dem man sich immer gefürchtet hat: »Das hätte es früher nicht gegeben?« Ihrem Papa hätte das nämlich ganz und gar nicht geschmeckt.
>
> Ihnen schmeckt's zwar auch gar nicht, doch es bleibt bei nagenden Fragen, die keinerlei Konsequenzen zeitigen: Wo bleibt die Privatsphäre im Netz? Was sagen denn die Eltern, wenn die bunten Oberschenkel ihrer Tochter im Internet zu finden sind? Denn die Mädels stehen Schlange, das bedrückt einen dann doch. Immerhin wohnt der Knabe noch daheim und man will eigentlich kein Fotostudio aus seiner Bude machen und überhaupt – ist das *notwendig*? Doch es bleibt beim vertrauensvollen Achselzucken. Verbieten? Wie geht denn das? Nein sagen ist aus vielerlei Gründen sehr schwer. Nicht immer also finden die Aktivitäten unserer Kinder unseren Gefallen. Dann sagen Sie es doch. Und machen den Oberschenkeln den Garaus.

Wohin mit mir, wenn das Kind mich nicht mehr braucht? Nur Mut! Der Lohn aller Mühen liegt vor Ihnen: Die Freiheit. Die ist nicht nur etwas für junge Leute, obwohl sie an diesen immer ausgesprochen wild und gut aussieht. Wir Älteren hingegen wissen eher, worin sie eigentlich besteht – Feiern ohne Ende hat damit jedenfalls nur sehr wenig zu tun. Diesen Irrtum haben wir Techno-Freaks und Girlies mittlerweile längst hinter uns. Es könnte also allmählich eine Zeit einkehren, die man für die eigenen Interessen nutzen kann, die so lange brachgelegen haben.

Wir waren nicht anders, aber ...

Andererseits: Wir waren als Jugendliche auch nicht viel besser, wenn uns auch noch geläufig war, wie man einen Erwachsenen begrüßt. Sie waren da keine Ausnahme, liebe Leserin. Das wissen wir Mädels zufällig genau, weil wir einander alle gekannt haben ... Auch wenn wir, konsumfreudig und -orientiert wie wir waren, niemals ernsthaft ausscheren oder revoltierten. Dazu waren wir nicht politisch und – außer beim Abtanzen – auch nicht organisiert genug. Die Etablierung der Spaßgesellschaft einerseits und die Weltrevolution mit hehren Idealen andererseits hätten nie und nimmer zusammengepasst. Was wir aber trotz mit nur mäßigem Eifer betriebenen BWL-Studium und Love-Parade mit Sicherheit getan haben: unsere Jugend voll ausgekostet. Bis zum Abwinken.

Wie war das noch mit den nicht enden wollenden Techno-Nächten? Die kamen doch auch nicht von ungefähr! Und Papa und Mama waren stets treuherzig und glaubten uns alles, was wir ihnen vorflunkerten, um ihnen keine Sorgen und vor allem uns keinen Hausarrest zu bescheren. Unsere Eltern hielten uns eigentlich für ziemlich vernünftig, und in gewisser Weise hatten sie recht: Weil wir zum einen eher bequem waren und zum anderen einen wachen Sinn fürs Materielle, wenn auch nicht unbedingt fürs Ökonomische hatten. Damit waren bestimmte Gefahren des Abdriftens schon gebannt. An den Stäben des Establishments haben wir jedenfalls nicht gerüttelt. Und so haben wir sogar die zehrende Techno-Phase überstanden, mit einigermaßen heiler Haut. Das werden unsere und ihre Kinder auch tun, so hoffen wir es jedenfalls.

Manchmal aber haben wir das Gefühl, mehr als Hoffnung könne es in diesem Punkt nicht geben. Wir halten uns aus verschiedenen Gründen nicht für fähig, eine Richtung vorzugeben. Unsere Kinder sollen uns akzeptieren und immer lieben, nicht jedoch Respektspersonen in uns sehen. Unsere Konzepte vom Umgang mit Kindern und Jugendlichen sind seit dem Umbruch der Achtundsechziger zunehmend diffuser geworden. Elterliche Durchsetzungskraft und Autorität sind mittlerweile so selten geworden, dass sie schon wieder Aufsehen – und vor allem den Neid derer erregen, denen ihre Gören auf der Nase herumtanzen. Der Willen des Kindes, so der Kinder- und Jugendpsychiater Michael Winterhoff, steuert heute allzu oft das Leben der Erwachsenen, und nicht umgekehrt. Auf diese Weise verbleiben die Kinder bis ins jugendliche Alter in einem frühkindlichen Narzissmus, in einer Egozentrik, die es ihnen später schwer macht, zu einer funktionierenden Gesellschaft ideell und materiell ihr Teil beizutragen.

Autoritätsprobleme und Respektlosigkeit

Weil wir uns selbst so lange gewissermaßen als unfertig empfanden, ist es auch mit der persönlichen Autorität eine verflixte Sache. Autorität setzt, um es vorsichtig zu formulieren, eine unterschiedliche Ebene voraus. Sie setzt voraus, dass einer dem anderen durch Erfahrung und durch Wissen eine Richtung des Handelns und des Umgangs vorgeben kann. Unseren Kindern gegenüber aber wollen wir in jeder Hinsicht *cool* und stets verständnisvoll sein – ihnen also am liebsten auf Augenhöhe begegnen – was immer das bedeutet.

Freunde wollen wir auch sein, um jeden Preis: Das ist das gegenwärtige Bild, das Eltern von sich haben. Das klingt zwar gut, *irgendwie* nach dem Geist der Freiheit. Aber ist es nicht vielmehr oft so, dass wir uns gegen die Kinder gar nicht mehr durchsetzen *können*, selbst wenn wir dies wollten? Das partnerschaftliche Konzept der Beziehung zwischen Eltern und Kindern ist auch ein Kind der Neunzigerjahre – demnach geht es uns unmittelbar an. Wir haben es mitgeprägt, unsere eigene Unentschlossenheit spiegelt sich darin wider.

Wir Erwachsenen haben das Kind als quasi gleichberechtigten Partner mit ausgeprägter Persönlichkeit mittlerweile so verinnerlicht, dass heute neben vielen anderen Erscheinungen auch das Symptom einer eklatanten Respektlosigkeit im Umgang zwischen Erwachsenen und Kindern zu beobachten ist. Warum waren soziale Tugenden wie Höflichkeit, Rücksicht, ein angemessener Umgangston denn eigentlich verpönt? Das Wort »Respekt« roch nach Drill und überkommenen Benimmbüchern, der Begriff »Autorität« gemahnte einen gleich an eine Erziehung, die Angst macht und vor Gewalt nicht zurückschreckt. Nicht zuletzt fordern beide unsere Bequemlichkeit heraus. Diese Begriffe fallen einem nicht einfach in den Schoß, sie wollen erkämpft sein. Und da haben wir oft schon von Anfang an versagt.

Ach, wir wollten nie den strengen Aufpasser, die bebrillte Tante Prüsseliese geben, wenn unsere Kleinen über die Stränge schlugen. »Ach, das haben sie doch nicht bös gemeint«, trösten wir Eltern die anderen Erwachsenen über die Rücksichtslosigkeit und Unhöflichkeit unserer Kinder hinweg. Wir übernehmen jegliche Verantwortung und entschuldigen schon vorauseilend alles und verteidigen unser Junges gegen alle bösen Menschen, die ihm am Kittelchen flicken wollen. Vor allem gegen die berechtigte Kritik von außen, die ja nicht zuletzt eine an unseren Erziehungsmethoden ist. Und da sind wir total empfindlich!

Wir setzen dagegen – als hätten wir es mit Erwachsenen zu tun – auf Vertrauen, auf Überzeugung durch Argumentation. Auf Vernunft und vor allem Geduld – wie unsere eigenen Eltern dies versuchten. Und natürlich setzen wir auch in diesem Punkt auf unsere gefühlte ewige Jugend, die es mühelos schaffen soll, mit der nachfolgenden Generation per du zu bleiben. Heutzutage verzichten wir darauf, eine Richtung vorzugeben – wir geben vielmehr mit einem lachenden und einem weinenden Auge zu, dass dieser Begriff uns schwerfällt. Es ist leichter, die Kinder als Partner zu behandeln, selbst wenn sie damit buchstäblich den Takt im Elternhaus vorgeben. Die beinah flehentliche Bitte um die Freundschaft und Akzeptanz der Kinder hat dahin geführt, dass wir für sie leider nur bedingt ernst zu nehmen sind.

Mit zunehmendem Alter wird es immer schlimmer: In der Pubertät sind ohnehin alle Erwachsenen blöd – aber anstatt sich das völlig legitim nur zu denken, bekommen dies die Eltern heute öfter zu *hören*, als es ihnen lieb sein kann. Was kein Ehemann, keine Ehefrau sagen darf: Das liebe Kind muss aus seinem Herzen keine Mördergrube machen. Warum eigentlich? Haben wir nicht gelernt, mit dem Willen eines anderen Menschen konstruktiv umzugehen? Was auch bedeutet, diesen unter Umständen zu zügeln?

Friede, Freude – die Fortsetzung der Love-Parade mit anderen Mitteln

Die Generationen sind heute in ihrem Erscheinungsbild, in ihrem modischen Geschmack stärker verbunden denn je. Sie interessieren sich mitunter sogar für dieselbe Musik, lesen mit großer

Begeisterung *Harry Potter* oder mit minderem Enthusiasmus *Feuchtgebiete*. Die Unterschiede verwischen sich.

> Das ist schon die erste Lektion: Jung bleibt nicht der, der um jeden Preis selbst jung bleiben will, sondern der Mensch, der die Jungen jung sein lässt und nicht als Konkurrenz empfindet. Wer Glück hat, bekommt von seinen Kindern so manches mit, was sie gut oder schlecht finden. Manchmal fragen sie einen sogar, wie man diese Musik auf YouTube findet. Und sie hören auch ganz andächtig zu, wenn man mal einen der wirklich guten Hits aus der Zeit vorspielt. Aber die Fronten sollten klar sein: Wir sind nicht gleich alt ...

Das früher übliche, manchmal sogar lustvoll zelebrierte und für die Ablösung vom Elternhaus notwendige *Konfliktpotenzial* wird durch Verständnis für alles und jeden elegant und vor allem bequem vermieden. Dann wundern wir uns tatsächlich, wenn der freche Süße uns »blöde Kuh« oder Schlimmeres heißt. Wenn ein junger Mensch mit siebzehn Jahren immer noch nicht weiß, wie er seinen Saustall aufräumt oder die Waschmaschine bedient. Kein Wunder, wir haben ja auch dem Zwölfjährigen das Tablett drei Treppen hochgetragen, kaum brüllte sein liebliches Stimmchen: »Mama! Kannst du mir mal Wasser bringen?«

Meiner ist ein Pascha! Deiner auch?

Es gibt Mütter in unserem Alter, die solche traurigen Tatsachen mit sarkastischem Humor berichten. Ganz so, als handle es sich um drollige Schrulligkeiten und nicht um einen rücksichtslosen, zukünftigen Pascha, egal ob weiblichen oder männlichen Geschlechts. Ein Wesen, das sich nicht benehmen kann, weil es sich gegenüber seinen Eltern auch niemals benehmen musste. Das Gör kann ja eigentlich nichts dafür! Den Respekt, den wir Frauen allerorten von den *Männern* einforderten, waren wir andererseits nicht imstande, unseren *Kindern* zu entlocken. Ist das die wahre Emanzipation? Von jeglichem Feminismus unbeleckt, macht man seiner Nachfolgerin in der Gunst des Filius schon jetzt das Leben schwer. Die Abnabelung wird noch zusätzlich erschwert, wenn der Thronfolger keine Geschwister hat, die einen mitunter ruppig zurechtstutzten und zuverlässig Mores lehrten. Wo sind sie hin, die echten Feindbilder, gegen die man ankämpft? Die Generation Golf kennt diese schon kaum mehr, ihre Kinder erst recht nicht.

Vielleicht siegen bei der gestandenen Vierzigerin bald gesunder Menschenverstand und Selbsterhaltungstrieb über Bequemlichkeit, Konfliktscheu und Harmoniesucht. Vielleicht haben ja auch wir, die wir selbst nicht gerade zimperlich und hart im Nehmen waren, den Ton eines Tages satt, mit dem uns die Kids bedenken. Natürlich – einen Konflikt mit dem geliebten Kind auszutragen, das kostet Kraft und Energie. Manchmal macht es auch sehr traurig: Wer möchte es seinem Liebling nicht immer leicht machen? Doch das ist grundfalsch. Wenn Sie auch hart bleiben und auf manche grundlegende Säulen eines gedeihlichen Miteinanders ruhig bestehen – ohne lange darüber zu diskutieren – tun Sie letztlich das, was alle Eltern wünschen: dem Kind etwas Gutes für später.

Persönlichkeit

Anne, die Nachdenkliche unter den Freundinnen, hat sich Anita eingeladen – und zwar allein. »Ich will mich mit dir gern über ein paar Dinge unterhalten«, sagt sie am Telefon, »ohne viel Trubel. Die Party holen wir später nach. Alles zu seiner Zeit, keine Angst. Ob die anderen …? Nein, ich möchte auch nicht alle heute Abend dahaben. Sonst wird es ein ulkiges Geplänkel über Falten und Botox. Aber ich möchte in Ruhe über ein paar Sachen nachdenken. Mit dir, wenn es geht. Kommst du?«

Anita lächelt. »Das Wort ›Nachdenken‹ höre ich jetzt öfter bei uns. Das war nicht immer so. Vor allem über das seltsame ›Unsichtbar-Werden‹ denken viele nach. Aber das ist schon ein bisschen mager, nicht wahr? Nach all der Zeit?«

»Na klar«, erwidert Anne, »wozu hätten wir viel nachdenken sollen? Wir haben einfach nur gelebt – zumindest kommt es einem in der Erinnerung so vor! Waren immerzu total verknallt in irgendwelche Typen. Alles war neu und aufregend. Dazwischen haben wir ein bisschen rumstudiert und gejobbt, später Geld verdient, Karriere gemacht, tolle Klamotten gekauft. Weißt du noch die irre, sündteure Corsage, die ich dann bloß zweimal getragen habe? Weinrot, die Sünde selbst? Danach haben wir uns eine ganze Zeit lang mit Ally McBeals Sorgen rumgetrieben, schließlich bei den *Desperate Housewives*. Suchten Sex in der City – und fanden dabei heraus, dass wir in einem Kaff leben … Und jetzt sind wir vierzig und fühlen uns weder da noch dort so ganz heimisch. Was meinst du, *kann* man sich ändern? Oder kommen wir nur auf solche Gedanken, weil wir allmählich sehen, dass *forever young* nicht funktioniert? Und das vor allem spüren?«

»Ja, man beginnt es zu merken. An vielen Kleinigkeiten. Die meisten, so denke ich, sind positiver Natur. Damit wende ich mich gegen diese unterschwellige Panikmache vor dem Älterwerden – natürlich nur bei den Frauen! Manchmal wundere ich mich, wenn ich mich so im Blätterwald umsehe, warum ich nicht panischer bin, weil die Schönheit irgendwann flöten geht. Nein, Anne, ich fühle ich mich gut und ruhig. Ich hab viel gelernt ... und das merkt man mir auch an. Ich freue mich sogar auf die nächsten Jahre. Ganz ehrlich. Wie es dann am Fünfzigsten sein wird, weiß noch keiner ... ich freu mich jedenfalls.«

»Auch wenn die Zeiten anders werden? Deutlich weniger aufregend, ja sogar langweilig? Spießig – du weißt, wie sehr wir uns davor fürchteten. Wenn wir das Gefühl, eine Zukunft zu haben, allmählich verlieren?«

»Wer sagt das denn? Vielleicht lernen wir andere Dinge zu genießen, für die wir früher gar keine Zeit gehabt hätten. Oder kein Interesse. Weißt du, was mir aufgefallen ist? Ich beobachte viel mehr als früher, fühle mich auch seltsamerweise ganz gut in dieser Position. Ich nehme die Welt um mich herum anders wahr. Früher wollte ich die sein, die wahrgenommen wird, heute finde ich das Umgekehrte viel spannender.«

»Aber Anita – willst du damit am Ende auch sagen, du bist unsichtbar geworden? Du weißt ja doch, welchen Bohei unsere Lisa immer über dieses Thema macht?«

»Ich weiß gar nicht, wie ich das ausdrücken soll. Es fühlt sich eher an wie eine Tarnkappe. Ich bin nicht mehr der Mittelpunkt in meiner Show, verstehst du? Mich interessieren jetzt andere Dinge als die ewige Selbstbestätigung. Extrovertiert bis zum Abwinken! Wie sehr ich die Bewunderung, den Neid der anderen früher brauchte! Ist dir das nicht auch manchmal auf die Nerven gegangen?«

»Na klar. Aber du hast recht. Wenn du so willst: Mich interessiert heute auch, wer das Bühnenbild gemalt hat. Wie die Technik dahinter funktioniert, welche anderen Akteure außer mir noch auf der Bühne herumhüpfen – und vor allem warum! Das macht das Dasein wesentlich reicher, wenn man nicht bloß das Liebesdrama auf TV-Niveau gibt. Aber du hast ja auch eine gute Beziehung. Wie viele Jahre seid ihr jetzt schon zusammen? Was? Zehn? Alle Achtung! Wer hätte das von euch gedacht?«

»Na, du nicht, das weiß ich. Zu ernst, ein Denker, hast du immer gesagt. Das ist kein Spaß mit dem. Aber das stimmt nicht. Wir lachen heute noch viel. Wir sind miteinander erwachsener geworden ... haben uns verändert ... Auch deswegen habe ich heute das Gefühl, weiter zu sein denn je. Von wegen, was man immer so liest: *Absteigender Ast*. Ich hab schon noch vor, bis ganz hinauf zu klettern! Falten hin oder her!«

»Ich mach dir die Räuberleiter«, verspricht Anne. »Also bis bald, Anita! Dann trinken wir zwei auf die nächsten zehn Jahre!«

Emotionale Stabilität

Die gute Nachricht zuerst. Diese hat Anita anscheinend bereits an sich selbst erfahren und verinnerlicht: Mit zunehmendem Alter werden alle Menschen – und dies weltweit, ob sie nun in einer Hütte in Angola oder in einem New Yorker Loft sitzen – verlässlicher und verträglicher. Diese hoffnungsvolle Aussicht hat eine groß angelegte Persönlichkeitsstudie ergeben, an der vor etwa fünf Jahren 150 000 Menschen teilgenommen haben. Darin wurde der altersbedingte Wandel von Persönlichkeitsmerkmalen wie Gewissenhaftigkeit, Verträglichkeit, Offenheit für neue Erfahrungen, emotionaler Stabilität und Extraversion untersucht.

Und dies gilt keineswegs nur für unser Alter um die vierzig. Sondern diese allmähliche Entwicklung, die wir bei vielen Menschen mit liebevollem Spott als Altersmilde bezeichnen – was nur impliziert, wie unerträglich der- oder diejenige früher gewesen sein muss – lässt sich bereits an Menschen ab zwanzig festmachen. Graffiti ade! Das klingt nun, was das Zusammenleben betrifft, einigermaßen positiv. Das ist es natürlich auch, denn das Miteinander kann sich harmonischer gestalten. Konflikte verlieren an Schärfe, die Geduld miteinander wächst, man nimmt Dinge nicht mehr so schwer wie in den harten Zeiten der Selbstfindung.

Gleichzeitig jedoch – und das ist die eher bedauerliche Nachricht – nimmt mit einer stabileren psychischen Basis auch die Lust an neuen Erfahrungen ab. Das Neue bedeutet Umstellung, Stress, Kampf, Vitalität – wer sich etabliert hat, möchte jedoch mehr Ruhe haben. Dieses Phänomen erklärt vielleicht auch, warum sich schon die Dreißigjährigen einerseits so müde und langweilig finden, und warum man lieber stundenlang mit hochgelegten Beinen auf der Couch darüber schwadroniert, was man besser machen *müsste*: Auswandern, Weltreise, Neuanfang mit einem anderen Partner – und warum daraus so selten etwas wird.

Memories are made of this

Wandel, Umbrüche und Einschnitte sind sowohl schmerzlicher als auch freudiger Art: Dies sind die großen, die *denkwürdigen* Stationen, die fest in der Erinnerung verankert sind und an denen sich unsere Biografie in der Retrospektive entlanghangelt. Dies hat die Psychologin Kate McLean von der University of

Toronto nachgewiesen. Warum ist das so? An einschneidende Wendungen unseres Lebens erinnern wir uns noch jahrzehntelang mit vielen Details. An den normalen, als eher statisch empfundenen Alltag mit seinen routinierten Abläufen hingegen kaum länger als eine Woche.

Das mehr oder minder Unerwartete, kurz das *Neue*, verbleibt als singuläres, abrufbares Ereignis im Gedächtnis. Weder wiederholt es sich noch wird seine Bedeutung dadurch nivelliert. Aus dieser Summe innerer und äußerer Wandlungen rekonstruieren wir in der Rückschau, wenn wir Glück haben, ein spannendes, ein erfülltes Leben. Oder resümieren mit einem resigniert-gemütlichen Lamento: »Es passiert schon ewig nichts mehr bei mir.« Natürlich gehört dazu auch die Empfindung eines bitteren oder gar verfehlten Lebens, in dem sich Katastrophen wie bei einer Kette aneinanderreihen.

Diese gewisse Festlegung kann daher als positiv oder als negativ empfunden werden. Der Psychologe Brent Roberts von der University of Illinois vergleicht die Persönlichkeit des mittleren Erwachsenenalters – und in dem befinden wir uns, auch wenn wir uns erst an dessen Anfang wähnen – mit einem stehenden Gewässer. Man hat sich, sofern einen nicht Krankheit, Tod eines Partners oder Kindes völlig aus der Bahn geworfen haben, eine bestimmte Lebensart und -weise zurechtgelegt, die dem eigenen Wesen entspricht. Und in die nur wenig Neues mehr Einzug hält. Das übliche Leben, als da wären Familie, Haus und Beruf, muss organisiert werden, dabei bleibt ohnehin wenig Raum für anderes. Und dies, obwohl wir in anderer Hinsicht, etwa im Beruf, geradezu auf Flexibilität abonniert sein müssten.

An unsere prinzipielle Wandelbarkeit glauben wir auch selbst. Andernfalls sähe es ziemlich trübe aus. Bei Licht besehen brauchen wir jedoch, wie so viele andere Menschen auch, mehr das Gefühl von *potenzieller* Wandelbarkeit, das wir am besten gar nicht erst unter Beweis stellen müssen. Deshalb ist auch ein Sich-Ändern, das den Namen verdient, ein so furchtbar schwerer Akt.

Lust an Neuem

Wie viel Lust an Neuem ist in unserer Persönlichkeit bereits angelegt? Darüber sollten wir nicht nur unsere skeptischen Lebensgefährten, vielmehr auch unsere Eltern befragen. Wer nämlich im wahrsten Sinne des Lebens neu-gierig ist, zeigt diese Eigenschaften bereits als Kind. Und diese Fähigkeit ist bei Kindern generell stärker ausgeprägt als bei Erwachsenen und ist zudem außerordentlich wichtig, nicht nur für die geistige, sondern auch die emotionale Entwicklung. Nach der Pubertät kommen nicht nur die wilden Partyjahre, in denen man viel Geselligkeit will und braucht, um ihrer selbst willen. Der Zweck hinter der Fähigkeit, sich auf Neues einzulassen, besteht auch darin, in der Fremde einen Partner zu finden, mit ihm sesshaft zu werden, Kinder zu bekommen. Danach nimmt diese Lust an Neuem spürbar ab. Wer jedoch bereits als Kind risikofreudiger und empfänglicher für Neues war, der bleibt auch im Erwachsenenalter in diesem Punkt seinen Altersgenossen überlegen.

Was verändert uns wirklich?

Wie oft hört man solche Sätze wie die folgenden: »Seit meiner Scheidung bin ich ein anderer Mensch geworden.« Oder: »Damals, als ich Karriere machte, habe ich mich selbst kaum mehr wiedererkannt – so als wäre ich jemand ganz anderes.« Inwieweit solche einschneidenden Lebensstationen die psychische Struktur eines Menschen wirklich verändern, darüber waren die befragten Menschen je nach Altersgruppe verschiedener Meinung. Während ältere Menschen eher der Auffassung waren, äußere Einflüsse hätten an ihrer psychischen Struktur nichts oder nur wenig geändert, waren jüngere Leute der Meinung, die biografischen Einschnitte hätten sie auch seelisch verändert. Mit anderen Worten: Sie glaubten an ihre Wandelbarkeit.

Veränderung und Gewohnheit

Gewohnheiten sind mehr oder minder lieb gewordene Gäste, die mitunter zu tyrannischen Hausgenossen geworden sind. Aber sie vermitteln uns ein Gefühl der Sicherheit gegen die Außenwelt. Das Neue hingegen findet uns unsicher, verwundbar, wir haben keine Deckung. Das Neue macht Angst und lässt die Zukunft ungewiss bis gefährlich erscheinen. Warum zieht sich der Mensch lieber auf Gewohntes zurück, selbst wenn er hie und da darunter leidet? Unser Gehirn, so der Hirnforscher Gerhard Roth von der Universität Bremen in seinem Buch *Persönlichkeit, Entscheidung und Verhalten. Warum es so schwer ist, sich und andere zu ändern*: »Unser Gehirn trachtet immer danach, Dinge zu automatisieren, Gewohnheiten auszubilden, und es besetzt dies mit deutlichem Lustgewinn. Am Bewährten festzuhalten, vermittelt das Gefühl der Sicherheit, Geborgenheit und Kompetenz, und reduziert die Furcht vor der Zukunft und dem Versagen.«

Das große Mamüma und das False-Hope-Syndrom

Was kann ich verändern? Auf der bequemen Couch, am Tresen, im Beisein der ungläubig nickenden Freunde: Alles und sofort.

Allerdings nur verbal, indem man voller Überzeugung, alles sei ganz einfach, das große *Mamüma* (Man müsste mal) anstimmt. In Wirklichkeit sind bereits kleinere Korrekturen beim Verhalten ausgesprochen schwer – beim eigenen wie beim anderen. Deshalb bleiben selbst die kleinen guten Vorsätze, die ja nichts anderes als kleine Justierungen am Verhalten sind, meist eben nur schöne Worte.

Die drei Kilo zu viel für den Sommer sind jetzt auch schon jahrelang auf den Rippen. Die endlich loszuwerden – ohne auf die geliebten Tortellini alla panna verzichten zu müssen – nennen Psychologen wenig schmeichelhaft das *False-Hope-Syndrom*. Dahinter nämlich steht die Hoffnung, mit eben diesen drei Kilo weniger ließe sich wenigstens diesen Sommer der Traummann am Badesee finden. Von dort aus geht's dann schnurstracks ins Standesamt, dann in eine glückliche Familie und so leben sie glücklich im Eigenheim bis ans Ende ihrer Tage. All diese Hoffnungen an einen verhältnismäßig simplen Akt zu knüpfen, ist blanke Utopie. Partner, Familie, Karriere, ein erfülltes Leben: Zu all diesen Errungenschaften gehört eine große Portion Glück, Beharrlichkeit und Geld. Wer zu viel auf einmal will, schafft oft gar nichts.

Frauen werden stabiler

Wir hören es allerorten: Frauen sagen übereinstimmend, ihnen ginge es mit zunehmendem Alter besser als in ihrer Jugend, wo sie sich und das Leben oft als unerträglich kompliziert empfunden haben. Buchstäblich *alles* war problematisch, nicht nur die Sexualität. Die ganze Selbstfindung war erschwert. Noch einmal achtzehn sein? Nein, so die meisten – außer in optischer Hinsicht. Ansonsten waren sie mit 18 unglücklicher als heute.

Dem schließt sich übrigens auch die Autorin dieses Buches von ganzem Herzen an.

Frauen werden in der Tat mit den Jahren eher emotional stabiler. Ihre, wie es in der Fachsprache heißt, *Neurotizismuswerte* sinken – die der Männer leider nicht im selben Maße. Insofern können zumindest unsere Männer getrost mit uns in die Zukunft sehen – wobei dennoch nicht aus jeder Diva ein Kumpel, aus jeder Zicke ein braves Lamm werden wird. Die Fähigkeit oder besser: das Geschenk, mit zunehmendem Alter mehr in sich ruhen zu können, macht Hoffnung. Schließlich ist es nicht nur so ein ganz persönlicher Wunsch, sondern eine Beobachtung, die der Persönlichkeitspsychologe Peter Borkenau von der Universität Halle belegt.

Auf geht's!

Mögen Masse und Mensch auch träge sein: Für manche Veränderungen wird es dennoch langsam Zeit! Die Last der Verantwortung für sich immer an andere zu delegieren, die sowieso an jedem Misserfolg schuld sind, funktioniert nicht mehr. Wir sind jetzt groß und sollten uns spätestens jetzt stärker um unsere Persönlichkeit als um unsere Schönheit kümmern. Oft meint man ja, dies sei ein und dasselbe. Irrtum: Persönlichkeit ist das, was übrig bleibt, wenn man die Schönheit abzieht. Und nachdem diese ja nicht auf einmal abgezogen, sondern *peu à peu* um klitzekleine Summen vermindert wird, sollte jetzt all das nach- und aufgeholt werden, was zuvor in den Zeiten des *forever young* versäumt wurde. Aber, schmollt da so manches Girlie, ich bin doch noch gar nicht so weit.

In der römischen Antike konnte ein Mann das schmückende Beiwort *adulescentulus*, also »Jüngelchen«, bis weit in die

Vierziger hinein für sich verwenden. Jedenfalls war dieses Wort bestens zur Entschuldigung diverser, meist politischer Jugendsünden geeignet. Dies hat der Historiker Sallust stellvertretend für viele andere getan. Also war er ja bloß ein pubertierendes Knäblein, das noch nicht wusste, was es tat. Ob sich die Zeiten ändern? Wenn wir uns bei unseren Altersgenossen umsehen, so könnte man auch heute noch auf solche Gedanken kommen. »Berufsjugendlich« ist in, denn damit kann man den Ernst der Zeiten und den drohenden Verfall noch ein wenig hinausschieben.

Persönlichkeit versus Mainstream

Niemand wird Persönlichkeitsarbeit für uns Vierzigerinnen leisten, den Mainstream nämlich interessiert das nicht die Bohne. Das müssen wir schon selber tun. Der Mainstream nämlich liebt das normierte Bild, die Konfektionsschablone, die bei aller vorgeblichen Eigenwilligkeit doch bloß Massenware ist. So wie er das Girlie liebt und liebte, diese hübsche, bunte, leere Hülle, die er mit allerhand Klischees füllen konnte, die sich nach und nach in Luft auflösten. Aus reinem Selbstzweck versteht sich. Schließlich soll, wie man es auch dreht, dabei Konsum bei dieser Rechnung herauskommen.

Ob man nun sein Geld wie so viele andere investiert in Erzeugnisse, deren Erlebnis- und vor allem Erkenntnisgewinn außerordentlich gering sind, oder ob man nun verzweifelt all die Produkte konsumiert, die uns in den Augen der anderen jung halten sollen: Dieses Diktat verselbstständigt sich wie eine Lawine. Und plötzlich machen es alle. Was? Wieso du nicht? Weil es mich aus diesen und jenen Gründen nicht interessiert. Ich muss nicht überall mitreden.

Für den Mainstram stellt daher die Persönlichkeit eher eine Gefahr dar. Weil diese mitunter so frei ist, sich ihm zu entziehen. Schon dies ist eine schwer zu erringende, eine künftig lohnende Fähigkeit. Warum? Weil man dann auch erst gar nicht versucht, den Stereotypen nachzuhecheln, die eine postfeministische Gesellschaft für uns Frauen einer ganz bestimmten Schicht mit einem gewissen Alter (und, tut uns leid, das ist vierzig nun mal) bereithält. Diese Stereotypen nebst ihrem Diskurs betrifft jedoch nur die eine Hälfte der Frauen: Frauen mit Migrationshintergrund, die zum Teil in Strukturen leben, die mit den Gedankenspielen von Eva Hermann oder Charlotte Roche nun so gar nichts zu tun haben, bleiben außen vor – auch in den Solidaritätsbekundungen eines neuen Feminismus, der sich im Ausleben möglichst aller möglichen Triebe erschöpft.

Nur kraft einer ausgeprägten Persönlichkeit, die sich ihrer Freuden, Möglichkeiten und ihrer Haltung gegenüber Zeitgeist-Seifenblasen sicher ist, wird man nicht in die Falle tappen. Denn man sollte der Welt schon etwas zu bieten haben, bevor die ersten Falten kommen. Vor allem sollte man wissen, was die Welt einem zu bieten hat, wenn man endlich erwachsen geworden ist.

Passend machen

Das ist ein Ausdruck, den wir gut kennen. Wir haben es uns oft »passend gemacht«. Das sollten wir auch in Zukunft tun – aber doch ein wenig anders als das Zurechtschustern der Wirklichkeit für unsere Zwecke. Es ist, als würde man seinen Kleiderschrank inspizieren: Manches bringt man nicht übers Herz wegzuwerfen, denn darin ist eine ganze Ära aufgehoben. Diese Bluse, diese Jeans bleibt da – auch wenn sie grad ein bisschen kneift. (Welche

Hoffart trieb einen dazu, ausgerechnet Größe 34 zu kaufen?) »Vielleicht passt sie ja einmal wieder, dann geht's wieder aufwärts ...«, flüstert das *False-Hope-Syndrom* verführerisch. Andere Dinge hingegen sind so hoffnungslos out, dass man sie getrost der Heilsarmee überlassen kann. Vielleicht nimmt sie diese komischen Flauschpullis ja noch.

Dieses einfache Schrankgleichnis gilt ebenso gut auch für unser Seelenleben. Der Egoismus eines Girlies, der aus vielen von uns ausgemachte Zicken machte, ist spätestens jetzt megaout – attraktiv war er schon längst nicht mehr. Mit den Jahren nämlich wird lächerlich, was jetzt gut und gern fünfundzwanzig Jahre als kapriziös durchgehen konnte. So nannte man in sprachlich eleganteren Tagen die Zicke. Warum bloß, mag da manche aus dieser Spezies laut weinen. »Es war doch so herrlich, als ich immer der Maßstab aller Dinge, der Nabel der Welt war – und dies auch allen anderen ungefragt ohne Punkt und Komma mitteilen konnte. Es war so wunderbar, als das ausreichte. *Mir* jedenfalls hat das gereicht. Und den anderen? Keine Ahnung? Wie kommst du darauf?«

Ein Mensch, gleichgültig, ob Weib oder Mann, der sich für nichts anderes außer sich selbst interessiert, der ist nicht interessant. So einfach ist das. Manche von uns spüren das nun schmerzlich: Keiner ruft uns mehr an. Keiner mag uns mehr etwas erzählen – ja wann denn, wo wir immer noch gnadenlos das Gespräch dominieren? Anders als früher sind unsere Gesprächsthemen leider auch nicht interessanter geworden: Wo in den wilden Zeiten wenigstens noch amouröse Verirrungen an der Tagesordnung waren, sind es jetzt diverse Leiden, der Stress im Büro und die auch schon x-tausendmal durchgekaute Katastrophe mit der Scheidung.

Beratungsresistent wie nur je, haben wir uns ja auch nichts sagen lassen. Wir wollten ja nur reden. Hemmungslos über alles reden – was uns betraf. Auch damit sollte es endlich ein Ende haben, sonst liest einem noch jemand gehörig die Leviten.

Teilnahme

Anstatt andauernd in seinem eigenen, ach so unendlich wichtigen Leben herumzukramen und diese Tätigkeit als die interessanteste in seinem Leben zu empfinden: Wie wär's zur Abwechslung mit einer echten *Teilnahme* am Leben – der anderen? An den Belangen der Welt um uns herum? Nicht, dass das einfach wäre, wenn man sich so lange selbst genug war. Irgendwann jedoch genügt das nicht mehr. Die Leere, die sich breitmacht, wenn niemand redet, wenn Stille einkehrt, die will gefüllt sein mit Dingen, die Sinn machen. Für uns und andere.

Wie macht sich diese Leere bemerkbar? Manchmal an einer depressiven Verstimmung, in übermäßig nervöser Hektik, in einer Geschwätzigkeit, die sogar einem selbst auffällt. Meist erkennt man eben nur ein diffuses Defizit – und weiß nicht, woran das liegt. Könnte es vielleicht daran liegen, dass man zu sehr um sich selbst kreist? Wer diese Frage mit einem herzhaften: »Ja«, beantworten kann, der ist schon auf dem Wege aufzuwachen. Unsere Persönlichkeit ist nämlich keineswegs fertig – so abgeklärt-kaltschnäuzig man sich auch immer geben will. Man hat noch nicht alles gesehen!

Wer anderes wahrnimmt außer immer bloß den eigenen Tellerrand, der verfügt über seelische Ressourcen, von denen er länger zehren kann als aus seiner ureigenen dürftig bestückten Seelen-Vorratskammer.

Die Nabelschau eines bekennenden Girlies sollte daher langsam zu ihrem würdigen Ende finden. Für all unsere Mitmenschen ist diese nämlich langweilig geworden – und das bekommt man unweigerlich selbst zu spüren und niemand sonst. Auf Dauer kommt dieses Defizit an Interesse für die Welt nicht so gut. Außerdem macht es einen einsam. Oder möchten Sie auch noch ihre letzten Freundinnen vergraulen? Es gibt wirklich andere Probleme in der Welt als unsere kleinen und großen Wehwehchen, unsere larmoyanten Generationsbefindlichkeiten, all unsere Definitionen, die uns auch nicht weiterhelfen.

Es hilft nur eines: Die Augen aufmachen und sich besinnen, was einen wirklich die nächsten Jahre tragen soll. Geistig und seelisch. Seele, das Wort hören wir ja noch ganz gern – aber Geist? Das klingt alles soooo anstrengend ... Aber es hilft nichts, ohne Geist wird's nicht gehen. Keine Angst, deswegen wird man noch nicht intellektuell. Im »Übernacht« haben wir den Geist noch nicht gebraucht – und Dr. Motte war auch bloß ein Künstlername. Jetzt aber wird es Zeit.

Erfahrung

Nun ein kurzer Schwenk zu Frauen, die sich nicht ausschließlich um ihre eigene Achse drehen. So wie Anita oder Anne. Soll es ja geben. Weil sie, im Gegensatz zu ihren ichbezogenen, verwöhnten Gegenstücken, *wirklich* viel erlebt haben, sind sie mit den Jahren sicherer und mutiger, aber auch offener geworden. Sie wissen um Vergleichsmöglichkeiten, können entsprechende Schlüsse aus ihrem und dem Verhalten anderer ziehen. Dennoch sind sie flexibel, weil sie eben nicht in Gewohnheiten und Marotten erstarrt sind. Mittlerweile wissen sie einen Irrtum von einer Selbsttäuschung, ein echtes Bedürfnis von bloßer Erlebnisgier zu unterscheiden. Sie haben vor allem im Austausch mit der Welt mehr über sich erfahren dürfen als ihre Schwestern, die in jeder Hinsicht immer nur in ihren eigenen vier Wänden geblieben sind. Nicht, dass sie jetzt ein fertiges Persönlichkeitsbild vorweisen können: Doch die Fundamente sind wesentlich tragfähiger als früher. Und darauf kommt es an, wenn wir ein erfülltes Leben führen wollen.

Bin ich schön?

»Stellt euch vor, ich wäre die schönste Misa der Welt«,
seufzte Misa.
»Ja, aber da du es nun einmal nicht bist«, sagte die Tochter
der Mümmla und kämmte sich ihr Haar.
Tove Jansson, Sturm im Mumintal

Heute ist es so weit. Morgen wird sie vierzig: Anita. Sie ist rund, angenehm anzusehen, lacht gerne – und hat schon deshalb Humor, weil sie auch über sich und ihre Fehler mit anderen lachen kann. Deshalb nimmt diese Frau ihren Geburtstag auch wesentlich gelassener, als es Lisa vor einigen Wochen gelungen war. Schon Monate vor ihrem Geburtstag war bei dieser die übelste Laune Marke böser Hormonkoller angesagt, wenn die Rede einmal auf das Thema »Älterwerden« gekommen war. Das Wort »Alter« hatte Lisa sich sowieso energisch verbeten. Der arme Paul konnte davon ein Lied singen. Lisa war so empfindlich geworden. Warum denn bloß, fragte er sich. Sie ist wie ausgewechselt. Sie wird vierzig. Na und? Wer nicht, wenn er Glück hat?

»Typisch Mann«, erwiderte Lisa dann giftig. »Ihr habt gut reden, ihr werdet jetzt erst attraktiv. Na, jedenfalls ein paar von euch. Ihr müsst nicht schön sein, dass man euch liebt.«

»Schön? Das ist doch immer Ansichtssache«, versuchte Paul den geordneten Rückzug.

»Aha, du willst also auch sagen, dass ich nicht mehr so schön bin? Mein Busen ... und überhaupt ...«

»Jetzt hör doch damit auf!«, seufzte Paul, dessen Geduld so ziemlich am Ende war.

Am Vorabend des Wiegenfests schließlich wuchs sich dieser Zustand in heulendes Elend aus. Vor dieser Verzweiflung strich Paul nach etlichen Beschwichtigungsversuchen hilflos die Segel und walzte mürrisch mit seinem Geschenk wieder nach Hause. Nicht ohne auszusprechen, was viele Männer angesichts einer panischen Noch-Neununddreißigerin denken:

»Kleine, was ist denn seit Wochen in dich gefahren? Ich finde dich schön. Wieso *noch*? Natürlich finde ich dich *noch* schön. Warum denn nicht? *Du* hast doch immer Kopfweh, nicht ich, ... Was soll denn überhaupt diese ewige Fragerei? Wer soll dich denn schön finden? Alle außer mir?«

Lisa weinte dicke Tränen. »Gefalle ich dir noch?«

Die Türe fiel etwas lauter ins Schloss als sonst.

Paul war fort. Und trotz der gewissen Aufmunterung, die ein kleines hausgemachtes Drama immer mit sich bringt, war Lisa dies natürlich nicht recht. Allein in den Vierzigsten, nein, das geht wirklich nicht. Gegen 21 Uhr erreichte dann eine kurze, aber aufschlussreiche Verzweiflungs-SMS die Freundinnen. Gegen 22 Uhr läutete es. Die mobile Einsatzgruppe, bestehend aus Mia, Anita und Nicole rückte mit den nötigen aufmunternden Spirituosen im Schlepptau in Lisas Trauerklause an.

»Natürlich feiern wir mit dir in den Geburtstag hinein, keine Frage!«

»Wo hinein, um Himmels willen! Ins Altwerden – äh ... *Älterwerden*? Wir um die vierzig? Ich bin so deprimiert, ich kann's euch nicht sagen! Bestimmt kriege ich so viele Falten wie meine Tante, der ich angeblich so ähnlich sehe. Es fängt ja schon an! Wo? Na da, um die Augen! Neulich hat mich der Abteilungsleiter irgendwie so mitleidig angeschaut ... Er, der sonst immer so heftig mit mir geflirtet hat. Das macht er schon länger nicht mehr. Sagt mal ehrlich, bin ich noch schön?«

Prüfende Blicke. Die Freundinnen schwiegen erst einmal. Lisa war etwas pikiert – etwas weniger Ehrlichkeit hätte ihr doch ganz gut getan. Aber da war sie an die Falschen geraten. Die Mädels waren wunderbar – und gnadenlos. Schließlich hatte man schon einiges miteinander erlebt.

»Na ja, es geht so«, sagte Nicole dann aufrichtig. »Verheult und verschwollen wie du bist, die Haare kreuz und quer. Und dein T-Shirt hat einen Fleck.« Sie beugte sich interessiert vor: »Aha. *Pasta arrabiata*? Schön ist ein bisschen was anderes, glaube ich. Aber warum fragst du uns andauernd. Offen gesagt, es nervt.«

Die anderen nickten ernst.

Lisa seufzte tief. »Das sagt Paul auch immer. Aber ich bin auf einmal so furchtbar unsicher ... und gefalle mir nicht ... und vierzig werde ich auch noch ...«

»Ja und?«, fragte Anita belustigt. »Wir alle werden vierzig – und du warst noch nicht mal die Erste im Bunde. Frag doch mal mich oder Mia, die hat es schon hinter sich. Und, tuts weh, Mia?«

»Nein«, erwiderte Mia. »Nicht mehr« – und lachte.

»Da hast du's! Wir werden doch jetzt, das hab ich in der *Brigitte* gelesen, nach und nach *unsichtbar* ... Immerzu schreiben die darüber«, schniefte Lisa, »Blues ist ja schön und gut, aber ich bin richtig deprimiert. Man hat den Zenit überschritten ... und wird ... *unsichtbar*.«

»Unsichtbar? Wir sehen dich wirklich sehr gut. Du könntest heute eine Tarnkappe gebrauchen, wenn du unter Leute willst. Was meinst du?«

»Na, wenn man als Frau nicht mehr interessant ist. Wenn man von Männern nicht mehr als erotisches Objekt wahrgenommen wird«, so Anne, von kühlem Verstande.

»Mal langsam. Wer sagt denn so was? Paul etwa? Der mag dich doch, wie du bist.«

»Das ist es ja! So, wie du bist, heißt doch: Egal, wie hässlich du bist.«

»Hat doch auch was, Lisa ... Dann pfeift dir nicht mehr jeder Idiot hinterher«, versuchte Anita zu trösten. Sie empfand dies als angenehm.

»Du musst schon aushalten, dass du nicht mehr der Hit in der *Centro Bar* bist wie früher. Damals sind sie extra deinetwegen Corso gefahren, immer die Königsallee rauf und runter. Bloß damit die unnahbare Lisa *einen* Blick auf sie verschwendet! Ich weiß wirklich nicht, weshalb du dich beschwerst! Du hast doch deinen Hayday gehabt! Viel mehr als wir alle miteinander. Hast du das etwa schon ganz vergessen in deinem biblischen Alter? Dass du trotzdem immer diesen öden DJ Fritz angehimmelt und brav gewartet hast, ob er dann gegen 6 Uhr morgens auch mal Zeit für dich hatte – daran bist du wirklich selbst schuld. So lange Aufbleiben macht eben Falten ... Und jetzt? Bleibt dir nur mehr der Hausmeister! Der zwinkert dir ja schon seit Jahren zu ...«

»Pfui, ihr seid vielleicht gemein«, schrie Lisa. Aber sie lächelte wenigstens wieder ein kleines bisschen.

Schönheit und Begehren

Was denkt eine Frau mit vierzig Jahren über das Thema »Schönheit und erotische Anziehung«? Noch ist ja das eine vom anderen nicht zu trennen: Je begehrter wir in unserer Jugend waren, desto attraktiver durften wir uns fühlen. Die nächste Frage schließt sich gleich an: Denkt man in diesem Punkt ganz individuell, ganz persönlich für sich nach – also wie man sich selbst sieht? Oder im Wesentlichen darüber, was die *anderen* Menschen sich denken, wenn sie uns als eine reife Frau sehen? Allen emanzipatorischen Errungenschaften zum Trotz fragt sich wahrscheinlich jede Evastochter, wie denn die Männer, gegenwärtige wie potenzielle Lover ihren Anblick empfinden.

Apropos: Wo sind die Burschen denn eigentlich hin? Früher rannten sie einem die Türe ein, während man sich jetzt eher auf Diät gesetzt sieht. Zumindest was die »wahllose« Aufmerksamkeit der bewundernden Blicke betrifft ... gemeint ist die Nachfrage auf dem großen Markt der Eitel- und Begehrlichkeiten. Wir kennen diesen Markt schon von früher bestens, wir waren schließlich ein Teil davon. Ebenso wissen wir natürlich um die Ramschware, die dort verhökert wird. Auch ist uns so mancher Mythos zum Thema »erotische Anziehung« vertraut.

Sprechende Blicke?

Welche Frau hat den Mut, ohne Vorbehalte darüber nachzudenken? Meist fühlt sie bei diesem Thema diffuse Panik, die sie sich selbst nicht erklären kann – oder will. Wer sich überhaupt mit diesem Thema eingehend beschäftigt, muss zwangsläufig schon zum alten Eisen gehören. Bis jetzt ging es doch auch ohne Nachdenken ... Alles lief rund, Männer säumten unseren Weg ... Aber nun ist *frau* vierzig – und ertappt sich eines Samstagvormittags in der Fußgängerzone bei der Frage: »Was sagen die Blicke? Werde ich noch begehrt? Und wenn ja, dann wie lange noch? Was mach ich, wenn mich einmal niemand *so* ansieht?« So oder ähnlich dürfte eine Beschäftigung mit dieser Herzensangelegenheit aussehen. Verständlich ist die Angst durchaus.

Gerade in diesem Alter fühlen wir uns oft allein gelassen bei der Definition unserer selbst als attraktives Wesen. Wir sind nicht Fisch noch Fleisch, ganz wie damals, als wir in der Pubertät waren. Einerseits wimmelt es überall von Anti-Age-Anzeigen und Produkten, die unser dünnes Haar hübsch aufplustern sollen. Die Schauspielerin Charlize Theron muss sich mit 32 Jahren als »für Hollywood zu alt« titulieren lassen. Wir studieren die Krähenfüße unserer Freundinnen und Feindinnen mit einer uns selbst unangenehmen Häme. Bei uns ist es noch nicht so weit ... äh ... hoffentlich.

Andererseits stürzt man sich auf all die einlullenden Placebos, welche uns so trotzig ewig jung halten wollen: »Ruhig bleiben. Man ist so alt, wie man sich fühlt!« Gefühltes Alter ist mittlerweile die gängige Devise, da darf man schon kräftig was abziehen von den Jahren im Pass. Irgendwann aber dämmert die Einsicht: »Altwerden ist nichts für Feiglinge«, wie die wunderbare Bette Davis – selbst keineswegs gut aussehend, aber unvergesslich apart – einmal gesagt haben soll. Man muss sich als (Ex-)Girlie schließlich erst mal orientieren, wo man künftig hingehört. So jung, wie wir glauben, sind wir nicht. Aber längst nicht so alt, wie wir fürchten. Nicht nur wir, nebenbei bemerkt.

Die Konkurrenz schlief nie

Schon die Dreißiger sind mittendrin. Gemessen an einer fünfzehnjährigen Vorstadt-Beauty sind auch sie längst uralt. Wie schön! Mit diesem Gesicht, mit dieser Porzellanhaut kann doch niemand von uns mehr mithalten ... schmollt man. Weit gefehlt ... Denken Sie doch bloß einmal an die Kindheit, an die großen Liebesdramen im Freibad: Die Konkurrenz schlief nie! Auch als wir fünfzehn Jahre alt waren, lauerte die Schlange im Garten Eden! Es ist eine himmelschreiende Ungerechtigkeit: Früher bekamen wir die Jungs nicht, weil die *älteren* Mädchen einfach interessanter, weil erfahrener, als wir Babys waren. Und heute fürchtet Lisa, dass Paul träumerisch den jungen Mädchen zusieht – und sich als den jungen Mann vergegenwärtigt, der er mittlerweile auch nicht mehr ist. So vermutet Lisa, nachfragen will sie lieber nicht.

Sie sollte es tun. Paul hat, als er abwesend in die Ferne sah, nur darüber nachgedacht, welches elektronische Spielzeug er sich als Nächstes anschaffen will. Deshalb sah er so sehnsüchtig drein. Andere Frauen interessieren ihn im Augenblick nicht, denn – *er* findet Lisa schön. Nicht *noch* oder *wieder* schön, sondern ganz einfach begehrenswert und schön. Basta. Aber Lisa glaubt es einfach nicht! Wäre sie ehrlich, so geht es ihr gar nicht um Paul. Weil sie doch weiß, dass er sie liebt und gern mit ihr schläft. Es geht ihr um eine *kollektive Wahrnehmung* – um die Augen der Gesellschaft, mit denen diese eine Vierzehnjährige anschaut – und prompt in eine Schublade verfrachtet. Oder besser gleich in eine alte Schachtel?

»Begehren« ist das Zentrum, um das unsere Gedanken kreisen. In aller Regel jedoch keineswegs das *aktive* Begehren, sondern das passive, ja beinahe anonyme Begehrtwerden. Die Abhängigkeit von den Wünschen und Bedürfnissen anderer. Als die Fähigkeit, Begehren zu wecken, wird Schönheit ja auch gemeinhin definiert – und in ebenso gängiger Meinung mit dem jungen Körper gleichgesetzt. Obwohl, wie wir alle ahnen, das eine nicht unbedingt mit dem anderen zu tun hat. Wir kennen sehr hübsche, junge Frauen – zumindest nach unseren Maßstäben – die jedoch andauernd unglücklich verliebt sind. Und wiederum kennen wir andere, die äußerlich nichts Besonderes an sich haben – und die uns schon früher die besten Jungs vor der Nase wegschnappten. Keine wusste, wie das zuging!

Das Aussehen, das perfekte Maß jedenfalls ist es nicht. Deshalb wäre selbst ein noch so perfekter Avatar niemals schön. Dieses virtuelle Wesen ist lediglich konstruiert nach den Idealmaßen und dem Idealzuschnitt eines Gesichts. Bislang lässt der

Sex-Appeal des Second-Life noch schwer zu wünschen übrig. Das Leben fehlt, das Lebendige, der Charme ... auch gerade die *fehlende* Perfektion, die ein Gesicht, einen Körper erst unverwechselbar macht. Wir Frauen beginnen uns kritisch anzusehen, sobald wir uns in einem Spiegel erkennen können – und das wird mit der Zeit nicht besser. Wir leben unter dem unbarmherzigen Diktat der Schönheit und des Alters. Und kaum erwachsen, werden wir schon zu alt ... Höchste Zeit, dass mehr Substanz hinzukommt.

Man kann leider nicht leugnen, dass die Frauen an dieser Misere Mitschuld haben. Sie tragen dieses simple Frauenbild durch ihren Konkurrenzneid immer weiter. Weil sie sich auch untereinander hauptsächlich nach ihrem Sex-Appeal bemessen, den sie automatisch mit Jugend und Perfektion gleichsetzen. Doch gibt es auch ein paar andere Frauen, für die wir stellvertretend Anita persönlich zu Wort kommen lassen. Wie gesagt, diese Frau sieht angenehm aus, weiß ihre Farben zu betonen und sich gut zu kleiden. Sie ist gepflegt, nicht ganz schlank. Lächelt schön. Eine ganz normale Frau also, wäre da nicht so ein Leuchten in ihren Augen, ein Strahlen. Das ist wohl das Auffälligste an ihr.

War ich schön?

Nein. Ich persönlich habe, so finde ich es wenigstens, das große Glück, weder ein schönes Kind noch ein hübsches Mädchen gewesen zu sein. Lisa war wirklich eine Schönheit. Eines der begehrtesten Mädchen in der Stadt, das musste ihr unser aller Neid lassen. Von mir hat das damals ganz bestimmt keine Menschenseele behauptet. Als Kind war ich zu dick. Als Mädchen sah meine Nase einer kleinen Kartoffel ähnlich. Obendrein war ich gesegnet mit einem leisen Silberblick und trug meist eine etwas finstere Miene zur Schau. Gut, die Haare waren wild, sonnenblond und lockig. Schöne Hände und Füße, aber was zählt das mit vierzehn? Weniger als nichts! Ein Freund mit viel Humor hat Fotos von uns Mädels in unsere Gartenhütte gepinnt. Darauf bin ich zweiundzwanzig Jahre alt und schaue derart grantig, dass sich eine Falte über der Nasenwurzel tief eingegraben hat. Und das in diesem Alter!

Mein Kindergesicht hat lange gebraucht, bis es Konturen bekam. Jetzt sieht es ganz anders aus als früher. Feiner. Auch das mit der Kartoffelnase hat sich auf wundersame Weise gegeben, ohne dass ich unters Skalpell musste. Aber all das kam erst später. Insofern war es auch von Kindesbeinen an unsinnig, im Karneval als Schneeprinzessin oder Fee zu gehen. Aus der Not kann man eine burschikose Tugend machen. Eine meiner besten Verkleidungen – neben diversen Hexenkostümen – war mit fünfzehn ein alter Mann mit Brot in den Backen! Kein Mensch, nicht einmal meine Freundinnen, erkannten mich, bis ich das Brot wieder aus den Hamsterbacken nahm. Auch als Heilsarmeesängerin mit Sammelbüchse und strähniger Hallelujazwiebel auf dem Kopf machte ich Furore und erlebte einen prächtigen Tanzabend mit dem Totengräber von Tombstone City, es war nämlich eines von Lucis legendären Westernfesten. »Sieht die immer so aus?«, hörte ich ein Mädchen fassungslos fragen.

Nicht nur später ließ meine Figur hie und da zu wünschen übrig, doch man konnte die Defizite damals noch auf die leichte Schulter nehmen: »*Nobody is perfect*«, sagt schon die unvergessliche Daphne alias Jack Lemmon in Billy Wilders Film *Manche mögen's heiß*. Auf die Idee, meinen Busen in die korrekte Form zu bringen, am besten noch vorm Abitur – wäre ich niemals gekommen! Auch wenn ich in der Badewanne oder beim Nacktbaden im See den Auftrieb immer mit etwas Wehmut betrachtete. Bei meinem Busen hat eben die Schwerkraft ein Wörtchen mitzureden. Wobei dies bei meinen Freunden und Liebhabern niemals Thema war – und wäre es eins gewesen, hätte ich sie auf der Stelle verlassen. Man hatte und hat ihn lieb, so wie er ist. Mein Körper hat Begehren erweckt, nicht so sehr wegen seiner perfekten Proportionen, sondern weil er sich gut hält, sich gerne bewegt, er liebt Schwimmen, Tanzen, Laufen, Gartenarbeit und Liebe-Machen, was er für ein großes Geheimnis hält. Er achtet auf sich, ohne sich zu kasteien. Das ist schon einiges an Gelassenheitspotenzial. Was jedoch das Wichtigste war und ist: *Auf diesem Leib sitzt ein Kopf!* Mir scheint dies oft vernachlässigt zu werden, wenn wir über erotische Anziehung reden. Oder besser gesagt, wenn wir über den Geschmack *interessanter* Männer reden. Da ist es nur mit Gardemaßen längst nicht getan.

Charme nicht zu vergessen

Meine mangelnde Schönheit machten offenbar andere Eigenschaften wett, die mir im heutigen Diskurs entschieden zu kurz kommen. Dürfen es neben der Schönheit – in meinem Falle *statt* ihrer – nicht auch Charme oder Witz sein? John, ein befreundeter amerikanischer Junggeselle, ein ausgesprochen scheues und freundliches Geschöpf, machte mir vor sechs Jahren ein Kompliment, das mir nicht nur gefallen hat, sondern in dem ich mich wiedergefunden habe: »*You are sweet and funny.*« Was heißt Charme? Das lateinische Wort *carmen* heißt Lied, Gedicht und Zauberspruch zugleich. Zauber halt. Etwas Unfassbares, dem widerstandslos erlegen zu sein sich hinterher keiner erklären kann. Es gibt zumindest in meiner Bekanntschaft nur sehr wenige Männer und wenige Frauen, die über die Gabe verfügen, andere im wahrsten Sinne des Wortes zu bezaubern.

Bezeichnen wir, wenn Ihnen das lieber ist, es mit einem geläufigen Begriff, mag dieser auch so gar nichts Geheimnisvolles an sich haben: Ausstrahlung, Sex-Appeal, Attraktion. Mit diesen Begriffen versuchen wir das Unerklärliche der erotischen Anziehung wie der Liebe einzugrenzen. Ganz offenbar *kann* dies die Schönheit allein nicht erzeugen, die Perfektion erst recht nicht. Also sind es die anderen, hoch bewerteten Währungen auf dem großen Markt. Welche, die wir bereits vergessen haben, weil wir uns mit dreißig schon als Greise, innerlich abgeklärt, von Angst vor künftiger Gefühls- und Sexarmut gezeichnet sehen. Und wir fühlen uns hässlich gegenüber der siebzehnjährigen Schönheit in der Straßenbahn.

Meine Selbstverständnis-Bilanz sah daher schon von Anfang an ganz anders aus als die von Lisa, die stets mehr als verwöhnt war von wahlloser männlicher Aufmerksamkeit – und die schon deren allmähliches Nachlassen als Affront auffassen muss. Lisa hatte sich in zwanzig Jahren daran gewöhnt, eine Frau zu sein, die auffällt, die andere mühelos durch körperliche Attribute ausstechen kann. Weil aber ihr Selbstbild in erster Linie damit zu tun hatte, plagen sie jetzt insbesondere die Probleme mit ihrer Schönheit. Das lässt sie grübeln und über das Älterwerden nachdenken.

Was sie denkt, weiß, wofür sie sich interessiert oder wo ihre anderen Stärken und Talente liegen, war nie so wichtig für sie. Alles Dinge, die wir unscheinbaren Frauen weitaus stärker in die Waagschale werfen mussten. Was unserer Persönlichkeit ausgesprochen gut getan hat, sie bereichert und ebenfalls konturiert hat. Allmählich fühlt Lisa, dass sie uns gegenüber im Nachteil ist. Weil sie sich noch nicht einmal sicher ist, ob sie überhaupt andere Trümpfe im Ärmel hat.

Insofern kann ich sagen: Obwohl ich nicht mehr jung bin, sehe ich heute definitiv *besser* aus als damals, als ich achtzehn

Jahre alt war. Ich bin nicht schöner geworden, aber anders. Ich habe ein Gesicht bekommen, dem man etwas ansieht. Mein Körper ist mir und anderen lieb, ich mag ihn, ich wohne gerne darin, er war immer begehrt. Meine Augen können strahlen. Ich bewege mich gut, das habe ich immer getan. Zwangsläufig habe ich auf das Kleine gesetzt anstatt auf etwas mir nicht Erreichbares, auf ein gängiges Schönheitsideal, etwa so unsäglich aufregend wie Klum & Co. Nein, ich bin ganz wirklich. Echte vierzig.

Ressourcen

Aha, sind auch wir schon so weit, dass wir Ressourcen brauchen? In *unserem* Alter? Haben wir die nicht noch immer im Überfluss? Bitte jetzt keine vorwurfsvollen Blicke – fast niemand ist so jung, wie er sich fühlt ... Also lautet die Antwort: Ja! Wir benötigen dringend mehr, als wir augenblicklich haben. Wovon? *Ressourcen*! Das klingt nicht nur nach vorhandenen Schätzen, sondern auch verdächtig nach Förderung und nachhaltiger Nutzung. Weniger geologisch angehaucht, vielmehr alltagstauglich gesprochen: einen Reiseproviant, worauf man zuverlässig zurückgreifen kann, um einigermaßen beherzt und mit guter Laune weiterzuschreiten. Vom Ziel wollen wir im Zusammenhang mit dem Thema »Alter« lieber schweigen – so sehr eilt es nun auch wieder nicht. Für uns bedeutet das oft verwendete Wort, beizeiten ein reiches Kräftereservoir für Seele und Leib anzulegen, um künftige Durststrecken besser bewältigen zu können. Altersweisheit hingegen ist noch nicht nötig, so abgeklärt sind wir noch lange nicht. Kraft hingegen schon. Erwachsensein ist schließlich kein Osterspaziergang ... wäre dem so, hätten wir es nicht buchstäblich zum Sankt-Nimmerleins-Tag hinauszögern wollen.

Eine ehrliche Bilanz ist auch hier angesagt: Viele der Fähigkeiten und Eigenschaften, die uns in unserer verlängerten Adoleszenz getreulich begleitet haben, taugen nicht mehr als *alleinige* Ressource: Die erstaunliche Fähigkeit einer Nachteule etwa, mit nur fünf Stunden Schlaf auszukommen. Oder am Tag danach ein Gesicht zu tragen, dem man den grausigen Hang-over nicht ansieht. Eine begnadete Selbstdarstellerin gewesen zu sein, die coolste D-Jane *in town*. So manches, was Zeitgeist war – den begreift man ja erst aus der Retrospektive – ist nicht mehr kompatibel mit der Realität einer erwachsenen, einer reifen Frau. Anderes wiederum können wir getrost mitnehmen, wenn auch ein wenig modifiziert: »Spaß haben« sieht heute ziemlich anders aus als damals, die Liebesgeschichten erst recht, die Zukunft wird konkret und sieht oft ganz anders aus, als wir dachten. *Wir* vor allem sehen anders aus.

Tragen, trösten, Tritt versetzen

Also sollten wir uns, wie alle anderen Sterblichen auch, ab einem bestimmten, klug gewählten Zeitpunkt auf die *echten* Fundamente des Daseins, auf die Basics besinnen: Auf Dinge also, die wir früher nicht mit der Feuerzange angefasst hätten. Auf Werte, über die wir gelacht oder bei deren Erwähnung wir entsetzt abgewinkt: hätten: »Danke, fällt aus!« Was könnten solche Dinge sein? Eine Harke zum Beispiel – für den Schrebergarten. Ja, Sie hören ganz richtig! Je älter man wird, desto besser steht einer Frau die Gärtnerin zu Gesicht – *back to the roots* kann man auch so sehen. Musik und Literatur wieder entdecken: *Harry Potter* sollte nicht das Buch sein, mit dem man in die Grube fährt... Oder der tapfere Selbstversuch, nach all dem Fast-, Finger- und Junkfoodjahren und den vielen Stunden vor der Kochsendung doch einmal selbst Mutters Kartoffelgulasch nachzukochen. Das Rauchen endlich einzuschränken. Gezielte Stressprävention.

Den Körper, bereits gut abgehangen in Bars und Clubs, in der frischen Luft trainieren. Dem Traum vom Traummann endlich leise Servus sagen und mit dem bestehenden, leise schwindenden Angebot mutig klarkommen. Eigenhändig ein Billy-Regal zusammenzuschustern, weil selbst die trotteligsten Verehrer längst begriffen haben, dass sie bei uns bloß handwerklich der Hit waren ... Um 23 Uhr mit einem guten Buch ins Bett gehen, mal einen Abend ohne Leute verbringen. Eine Lesebrille tragen, weil man sonst die Speisekarte im Meterabstand studieren muss. Kinder kriegen – oder sich entscheiden (müssen) für ein Leben ohne sie. Heiraten. Eine fröhliche Junggesellin sein.

Wie es auch immer aussehen mag: Ressourcen sind die Dinge, die uns tragen, trösten, aber uns auch hin und wieder den nötigen Tritt in den schmuck tätowierten Allerwertesten versetzen. Und deren Halbwertszeit länger andauert als der Erfolg von Tocotronic. Wir haben unseren Spaß gehabt. Wie viel *Freude* wir jedoch künftig haben werden, liegt an anderen Faktoren als damals.

Day and Night

Gott, was haben wir getanzt! Spaß ohne Ende, wummernde Bässe! Jede und jeder hatte seine eigene schrille Show. In unserem Film waren wir die Stars. Wer sonst? Wir waren elektrisierte oder besser digitalisierte Blümchenkinder, ein luftiger Teil der großen Blase der New Economy. In der legendären Techno-Phase waren wir aus den Discotheken nicht mehr rauszukriegen: Im »Übernacht« oder wie die Schuppen alle hießen, machten wir die Nacht zum Tage, ekstatisch natürlich, was sonst? Unser Körper machte damals fast alles mit, keinerlei Müdigkeit war ihm anzumerken – und vor allem nicht *anzusehen*! Und wenn das Gerüst doch einmal schwächelte, so wussten wir schon den einen oder anderen Trick, um im großen »Heute Nacht« wieder auf Hochtouren laufen zu können.

Ein reibungslos funktionierendes Nightlife machte schließlich einen guten Teil unseres Lebens aus. Wer mit wem, *Who's who* in der *peer group* ... Kraft unserer bloßen Anwesenheit machten wir über Nacht die besten Clubs. Erst dann nämlich waren die wirklich angesagt, sobald wir drin waren. Eine ganze selig-arrogante Zeit lang stellte niemand anderes als wir die *beautiful people*, die jungen Trendsetter, die jede Stadt und jedes Kaff aufzuweisen hat – Ausnahmen bestätigen die Regel. Die nämlich nicht dabei waren, die einsam in ihren Käffern in der Pampa hockten, die keinen rechten Anschluss fanden, weil sie nach der Schule noch zwei Stunden mit dem Regionalbus nach Hause unterwegs waren – die wären von Herzen gern dabei gewesen. *Ich will eine Jugendbewegung sein* ... Wir raunten uns via Mundpropaganda die schrägsten Partys zu, irgendwer, der im Nachhinein noch gesegnet sein soll, entdeckte sogar den guten alten Johnny Cash wieder, es gab wilde Stilmixes, Tableturners und handverlesene Konzerte. Da spielte die Musik.

Heutzutage sieht man uns ein ganz klein bisschen verwundert an, wenn wir in den örtlichen Anarcho-Clubs auftauchen. Immerhin stehen, wenn man viel Glück hat, ein paar Jugendliche freiwillig auf, um uns einen Stuhl anzubieten. Wir könnten ja schließlich die Mütter von irgendwem da drin sein ... Die Kids sind nett zu uns, wie man eben zu unzeitig ausgeflippten Erwachsenen nett ist. Dies irritiert, rührt und freut in einem – auf beiden Seiten übrigens. Erinnern wir uns: Auch zu unserer Zeit gab es so verwitterte Leutchen, die damals auch so um die vierzig gewesen sein dürften, über die wir auch schamlos abgelästert haben. Was die meisten indes gar nicht störte, man gewöhnte sich dann auch an ihre Anwesenheit. Genauso wird es vielen von uns auch ergehen, die als Trabanten den Bahnen des angesagten Nachtlebens von heute nachziehen wollen ... das »Übernacht« ist mittlerweile längst geschlossen oder heißt: *Peaches Bar*, was nichts Gutes ahnen lässt.

Unser Leben spielt sich heute, vorsichtig ausgedrückt, mehr am Tage ab – beziehungsweise dem, was vom Tage übrig blieb. Meistens ist das nicht viel: Wo Kinder versorgt werden müssen, wo der Freiberufler keinen Feierabend kennt, sondern texten muss, was eben reinkommt, wo man zwar Lust hätte, mal wieder um die Häuser zu ziehen, aber sonst alle müde sind – da fällt ein großer Teil unseres bisherigen Terrains weg: Eigentlich war das schon fast eine Art Lebensraum, dort fanden wir Abenteuer, Selbstbestätigung, Betätigung und nicht zuletzt soziale Kontakte bis hin zur mehr oder minder großen Liebe. Aus diesem Paradies sind wir mit Sicherheit schon vertrieben, auch wenn's nicht alle Adams und Evas wahrhaben wollen.

Was mit dieser leidigen Tatsache Hand in Hand geht, ist das schmerzliche Defizit an der über alles geschätzten Aufmerksamkeit, die wir damals als *beautiful people* und City-VIPs genossen. Mittlerweile sieht uns ja kaum einer mehr nach 22 Uhr. Ja, wann denn? Sei es, dass wir es uns in der Zweiöde gemütlich gemacht, sei es, dass wir uns ins Cocooning, will sagen mit *Harry Potter* auf die Couch zurückgezogen haben. Wenig präsent in der Öffentlichkeit, repräsentieren wir vielmehr eine unkritische Masse.

Auf gut Deutsch gesagt: Wir haben das getan, was alle ehemals Jungen vor uns schon gemacht haben, mochten sie noch so wild und viel, viel wilder als wir gewesen sein. Wir waren nämlich überhaupt nicht wild: Wir hatten Spaß – das sind zwei Paar Stiefel: Wir sind (zwangsläufig) ruhiger geworden. Alle ewig Jungen tappen ahnungslos in diese Falle – und dann schnappt sie zu und lässt sie nicht mehr raus. Das macht Sinn, sonst würden wir es nie begreifen: Schließlich sollten wir ja auch mal andere jung sein lassen als immer nur uns selbst.

Insofern beziehen wir für unser gut ausgeprägtes Ego mitunter dürftige Nahrung: die des reichlich entzauberten Alltags mit all seinen Sorgen, Nöten und den vielen unscheinbaren Freuden. Zu Anfang kam man sich schon spießig vor, überhaupt einen geregelten Alltag zu haben. Und der kam und blieb. Und das wurde nicht besser! Heute hat man ziemlich viel davon. Mehr als genug. Und die anderen auch, so weit das Auge blickt.

Oberflächlichkeit ist out

Sorry, dass wir so lange ein Bild der Oberflächlichkeit oder, eleganter ausgedrückt, des arglosen Populär-Hedonismus abgegeben haben. Aber man braucht sich dessen im Nachhinein nicht zu schämen: Es war eben ein typisches Merkmal unserer Zeit. So weit, so schade. Dafür hat es sich in Zukunft mit der Oberflächlichkeit! Künftig werden wir schon ein bisschen tiefer gründeln müssen, um unserem Leben auch in der nächsten

Zeit Reichtum, Fülle, Freude und Spannung zu verleihen. Diese vier, nach denen sich so viele von uns sehnen, sind möglich, allerdings nicht ohne ein *bisschen* Anstrengung. Gerade so viel, dass es sogar für ein ehemaliges Girlie passt, das von Haus aus skeptisch-kritisch reagiert bei Worten, die klingen wie aus einer anderen Galaxie, aus einer anderen Zeit: Reichtum, Fülle, Freude, Spannung. Das ist etwas anderes als Spaß. Sorry. Wir wiederholen das gerne noch mal.

Was gehört zum Reichtum? Zumal in Zeiten des Prekariats von Geringverdienern? Bestimmt nicht das Materielle allein. Vielen von uns muss heute genügen, dass man sein Auskommen hat. Die Million haben nur diejenigen von uns, die bienenfleißig waren oder instinktiv aufs richtige Pferd gesetzt haben – und so viele waren das nicht. Die meisten Start-ups und Dotcoms hatten die Langlebigkeit, die Knusprigkeit und Süße einer Tüte Popcorn. Wer arbeitet, wird heute selten reich. Zum Erben jedoch ist es noch zu früh ... falls die Erbtante uns nicht schon längst unseres zaudernden Lebenswandels wegen enterbt hat: »Was, Politikwissenschaft im sechzehnten Semester? ...« Zum Reichtum gehört künftig zunächst eine gewisse Reichhaltigkeit des Empfindens, Fühlens – und vor allem Denkens.

Dazu gehört ein reiches Leben – insbesondere im Kopf. Sudoku knobeln allein wird diese Fülle nicht erschaffen. An das Training ihres Geistes haben viele von uns im Furor ihrer Jugend leider nicht gedacht und ihn wie ein Kleinkind gehalten. Nun, da man ihn braucht, merkt man, dass man mit seinem bisherigen Rüstzeug von drei bis vier Meinungen – mehr war's in aller Regel nicht – nicht groß weiterkommt. So ahnungslos lustig waren wir, wir genossen das Leben, waren fröhlich apolitisch und charmant desinteressiert – die mit kindlichem Augenaufschlag geäußerte Mutter aller Fragen: »*Eeecht?*«, kam bei der Männerwelt, die ja bekanntlich gerne die Welt erklärt, immer gut.

Wir hatten einfach keinen Bock darauf und schon gar keine Zeit, weil wir selbstverliebt um das kostbare Zentrum »Ich« kreisten. Da hat wenig anderes Platz. Der Spaßfaktor aber war damals optimal – so dachten wir zumindest. Nun aber, so wahr ich hier sitze, beginnt die Zeit, in der wir mehr sein müssen als unsere nette, alberne Hülle. Wo wir dem Leben mehr anbieten müssen als unsere paar Gemeinplätze zur Lage der Welt. Die haben lange genug gereicht, waren ein hervorragend imprägnierter Schutz vor Ansprüchen an uns.

Auch wenn damals alles einfacher war: Man darf froh sein, dass es sich ändert! Oder anders gefragt: Glauben Sie, dass ein Girlie, zumal ein altes, noch den Pfad zur Ewigkeit findet? Na also. Es tut sich was, wenn auch spät. Wir sind Gott sei Dank auch nicht mehr hübsch genug, dass man uns die alte Borniertheit durchgehen ließe. Künftig wird man uns an anderen Dingen messen als daran, wie viele Männer wir erobern oder wie viel Tequila wir standfest schaffen. Jetzt geht es nicht mehr nur um uns. Selbstmitleid war gestern.

Politikverdruss – Nein, danke!

Nach dem egozentrierten Austoben kommt sie unweigerlich – die Teilhabe an der Gesellschaft. Die braucht uns nämlich! Überwinden wir unseren unerklärlichen Widerwillen gegen »die Politik« – von der wir bislang gar keine Ahnung hatten, außer dass wir uns auch so 'ne bunte *Pace*-Flagge auf den Balkon gehängt haben, damals, *wannwardasgleichnochwieder?* Unsere profunde Unkenntnis in Sachen politischer Bildung hat uns indes nie daran gehindert, unseren Senf überall dazuzugeben. Die Diäten! Die Steuern! Die Demokratieverdrossenheit!

Über all dies wussten man gar trefflich zu parlieren, aber nicht, dass unsere spottbillige Hippiebluse aus China kommt, dass alles, was wir sonst noch am Leibe tragen, aus China kommt. Fangen wir spätestens jetzt an, uns für größere politische Zusammenhänge zu interessieren. Das ist halb so schlimm wie zum Zahnarzt zu gehen und kann, ganz nebenbei gesagt, geradewegs in kluge Arme führen: Es soll Männer geben, die das toll finden, wenn ein Mädel weiß, was ein *Renminbi* ist? Was? Ja, genau!

Haben sich grässliche Langeweile und Routine ins Leben und in unsere Wohnhöhle eingeschlichen, können wir mit Spannung pur aufwarten. Anstatt immer bloß über »die da oben« zu zetern, lasst uns zu denen da unten gehen: Zur politisch interessierten, diskussionsfreudigen Basis. Äh, zumindest theoretisch ist sie das. Wer wahrhaft todesmutig ist, begebe sich am besten gleich in die Niederungen der Kommunalpolitik, mitten hinein in Unterbezirke, Oberbezirke. Sogar Schlagersängerinnen tun das, warum nicht wir anderen? Oder wir gründen eine Gruppierung der Politikverdrossenen und erobern flugs das Rathaus!

Wir dürfen »Harry Potter und die Fanta«. Wer ahnt schon, welch herkulische Anforderungen einen in der Kommunalpolitik erwarten und für alle Zukunft stählen werden. Weshalb spannend? Weil man, falls man irgendwelche Ideen haben sollte, zuverlässig in ein Wespennest sticht. Weil alles, was wir in unseres Herzens politischer Arglosigkeit äußern, mit Sicherheit gegen uns verwendet werden wird! Weil man bereits als Revoluzzerin gilt, wenn man überhaupt eine Meinung hat. Piranhas sind freundliche Tierchen, verglichen mit seit Olims Zeiten verdienten Stadträten, die um ihren guten Listenplatz mit dritten Zähnen und lackierten Klauen kämpfen, weil sie schon seit zwanzig Jahren in der Wurst-Probierkommission sitzen. Hochgefährlich auch die lächelnden Abnicker und schmunzelnden Nichtssager – die im Unterholz wie

Zecken lauern, bis ihre Stunde gekommen ist und sie auf den Wirt hopsen können ... Sie sehen es selbst: Die Welt braucht unser Engagement! Es soll ja auch ein paar gut aussehende Männer in diversen Parteien geben. Und eine Quote gibt's auch hie und da!

Seien Sie endlich einmal wirklich sozial: Gönnen Sie all den Verbitterten die Freude, Sie mit all ihrem naiven Charme und den kindlichen Umsturzgedanken ebenso grandios auf die Nase fallen zu sehen wie sich zuzeiten. Heitern Sie die müden Denker und saturierten Lenker auf, stiften Sie Unruhe, wo es nur geht! Am besten, ohne es zu wollen. *Politik*, genau dieses Thema, das uns früher zu Tränen gelangweilt hat, ist im Großen und Ganzen spannender als jeder Krimi, tragikomischer als jede Vorabendserie, geistreicher als alle Comedies zusammengenommen – und Freud'sche Erkenntnisse lassen sich auch mühelos dort verifizieren!

Sie kriegen auch was dafür: Ein Gesprächsthema, bei dem Ihnen niemals langweilig wird. Und Sie bekommen mit, was wirklich in Ihrer Stadt passiert – anstatt immer bloß zu meckern, dass das Freibad auch schon wieder teurer geworden ist. Anstatt sich gerne als politikverdrossen zu bezeichnen, Sie, die das Thema immer weiträumig umfahren haben und dabei auch Nutznießer jeglicher Politik sind. Es ist auch da noch kein Meister vom Himmel gefallen: Haben Sie erst einmal gelernt, Plakate ohne Runzeln zu kleben oder in Eis und Schnee einen knochenharten Wahlkampf zu führen, werden Sie anders über den Politikverdruss anderer denken.

Glück

Reichtum ist vor allem einer der, ja, *Seele*. Jetzt kommen Sie uns bloß nicht mit dem *Material Girl*. Sogar Girlies haben eine

Seele und diese hat Bedürfnisse, die man nicht sein Leben lang ignorieren sollte. Spaß ist gut, solange man jung ist. Jetzt hingegen sollten wir klugerweise *Freude* an anderen Dingen finden. Am besten natürlich an denen, die uns umgeben, an einer Arbeit, die wir ohnehin tun müssen. Damit hätten wir, tapfere Schneiderlein, die wir sind, bereits zwei Fliegen mit einer Klappe geschlagen. Im Klartext: Wir sollten ein bisschen bescheidener werden – das hilft. Auf das »ganz große Glück« haben wir nämlich schon so viele Jahre vergeblich gewartet: Und dabei so vieles, was uns wirklich hätte froh werden lassen, schnöde ignoriert. Das sollte sich ändern.

Mit Sicherheit bedarf es dazu einer anderen, einer differenzierten Wahrnehmung. Sowohl des eigenen Lebens, seiner Möglichkeiten und Perspektiven. Unabdingbar dazu gehört die Wahrnehmung der Welt sowie anderer Menschen, anderer Bedürfnisse und Belange als unsere eigenen. Wir sind nun einmal nicht alleine auf der Welt! Nur, falls jemand das vergessen haben sollte über seinem ach so wichtigen Leben: Gemessen an einem Land, in dem seit Jahren blutiger Bürgerkrieg herrscht, werden Sie wohl verschmerzen, dass Ihnen das tolle Tanktop nicht mehr so gut steht wie einst. Wer wach und vor allem verhältnismäßig – das heißt in der Relation zu anderen Dingen bleibt, der hat die besten Chancen, seinen Lebensgenuss ungemein zu erhöhen.

All die Dinge gilt es jetzt zu entdecken, die lange Zeit *terra incognita* für uns waren. Dazu gehört zum Beispiel auch das Alleinsein. Wir liebten die Menge, den Pulk, die körperliche Nähe zu anderen. Beständige Kommunikation hält uns in der Straßenbahn und in der Fußgängerzone am Handy-Tropf. Aus Furcht, wir könnten etwas verpassen, es könnte etwas passieren, ohne dass wir mittendrin und *dabei* sind. Ruhe ist daher etwas völlig Ungewohntes. Stille, um es genauer zu sagen. Wer sich ihr überantwortet, wird Folgendes bemerken: Zunächst einmal wird man richtig nervös und nestelt dauernd am Handy: Bitte, ruft mich an. Ich will Lärm machen, will mich ausquatschen. »Deutschland quatscht sich leer« heißt es schon in der Werbung der Telekom. Aber, so denkt man erstaunt: Das geht doch gar nicht.

Vielleicht lernt man jetzt mit sich allein, mit anderen oder wenn's hart auf hart kommt, im Jahresabo im Botanischen Garten wieder, was Ruhe ist. Vielleicht wird so manchem wieder klar, wie viel sinnloses Zeug andauernd geschwätzt wird. Still sein dürfen, still sein können ist ein wahrer Luxus. Wer jetzt die Nase rümpft, weiß außerdem nicht um Trends: Kids verabreden sich neuerdings mit ihren Mädels im wunderschönen und ungestörten Botanischen Garten in Berlin, zwischen Akanthus und Silberkerze ...

Nach draußen gehen

Sie wandelt sich beständig, und man sollte sie anschauen, solange es sie noch gibt: die Natur. Um ihr den gebührenden Respekt zu zollen, muss man nicht gleich auf einem Aktivistenbaum überwintern. Es reicht völlig, sich selbst in der Natur am gebührenden Platz zu verorten: Wir sind, auch wenn Sie und ihr Körper das jahrelang trotzig negiert haben, ein Teil dieser Natur, mehr nicht. Wenn auch mittlerweile nicht mehr der schönste, leider. Wetten, Sie waren noch nie zu Fuß in Ihrer unmittelbaren Umgebung – von den alten Club-Pfaden einmal abgesehen? Vielleicht schließen Sie sich Ihrer Freundin an, die, so heißt es hinter vorgehaltener Hand, angeblich sogar *wandern* gehen soll. Ein braves Mädel!

Sie weiß, was Freude ist, sie geht mit ihrem jungen Lover, der den Rucksack mit den leckeren Wurstbroten trägt und ihr die

Wanderschuhe richtig aufbindet. Alle Freunde, welche die beiden bei der Rast in einem märchenhaften Elfenwald mit munterem Bächlein erlebten, waren schon glücklich vom Zuschauen. Und danach gingen wir weiter über die Wiesen, der Weißdorn blühte, ein frischer übermütiger Wind wehte uns ins Gesicht. In der Ferne ein See, die Berge. Man hatte Lust, einfach weiter und weiter zu gehen ... und am Horizont zu verschwinden. Manche nennen dieses Gefühl auch Freiheit.

Wer sich jetzt gern arrogant aus Flora und Fauna stehlen will, sollte es lieber erst einmal selbst versuchen. Natürlich wissen Sie wieder alles besser, faseln von Grasmilben und Zecken. Wir aber wissen es genau: Sie sind bloß zu faul zum Wandern! Haben Angst, dass es Wasserblasen gibt und weit und breit kein Biergarten zum Einkehren. Geben Sie's ruhig zu – Sie werden ihr dennoch nicht entkommen. Diese Tatsache liefert einen weiteren Grund, gegen den selbst die abgefeimteste Ausrede einer bekennenden Couchkartoffel absolut machtlos ist: Studieren Sie rechtzeitig die ewigen Gesetze des Werdens, des Blühens und Vergehens – wir werden uns damit im Laufe der Zeit sowieso näher beschäftigen müssen ... *ziemlich* nah sogar. So viel ist jedenfalls sicher.

Gesundheit – Nur was für Omas?

An dieser Stelle sind wir auch schon mit einem kleinen Schlenker über Wiesen und Wälder bei der Gesundheit angelangt, oder wie es auch heißt, »dem Schweigen der Organe«. Was, wie bitte? Schon unsere Großmutter hat doch immer gesagt: »Kind, das Wichtigste im Leben ist die Gesundheit.« Und wir traten von einem Doc Martens auf den anderen und dachten: »Jaja, Omi, ist schon gut. Das ist was für alte Leute. Das Wichtigste ist doch, ob der schöne Peter mich toll findet, ob sein Blick eines samtigen Cockerspaniels mich meint oder, ach, eine andere ... An zweiter Stelle der Wichtig-Wichtig-Skala: Was zieh ich heute Abend an? Das geile Outfit vom Samstag? Wo gehn wir hin? Isses da cool?« Und wir ließen die Großmutter getrost bei ihrem Doppelherz und ihren gut gemeinten Sprüchen sitzen, nahmen noch die fünf Mark in Empfang und zogen selig wieder ab. Jung sein ist das Schönste auf der Welt. Wie gesagt, wir schonten uns wirklich nicht. Zimperlich waren wir nicht.

Achtung – Körpersprache

Körpersprache – auch das war für uns immer mit Liebe und Sex verbunden. Ein Epos hätten wir darüber verfassen können, wie lässig der schöne Peter am Tresen stand, wie unnachahmlich waidwund er dreinschauen konnte, wenn man ihn nicht ganz sooo gut fand. Kam ja selten vor, aber solch kluge Mädels hat's gegeben! Mittlerweile aber kann der Begriff »Körpersprache« neben der erotischen Kommunikation auch noch etwas anderes bedeuten: Unser Körper meldet sich sozusagen zu Wort – und das lässt sich nimmer so leicht ignorieren. Jede von uns wird es zugeben, wenn sie Mut hat ... Hand aufs Herz: Bemerken wir nicht allmählich alle, dass wir überhaupt einen Körper haben?

Bislang haben wir diesen nur nach Kräften benutzt und oft recht rücksichtslos ausgebeutet. Dabei hat er nur selten gemuckt oder gar protestiert. Ohne Mühe war er in der Lage, Schadstoffe ein- und wieder auszufiltern. Allein die zahllosen Nächte im »Übernacht« müssen einen gehörigen Film über unsere Lungen gelegt haben. Und dann die ewig zugigen Nieren! Auf der Love-Parade sollte man sich doch nicht einmummeln wie ein altes Mütterchen, oder? Ohne Weiteres steckten wir auch die x-te

Blasenentzündung locker weg: Mit ein bisschen Bärenklau war die Sache gegessen.

Jetzt beginnen wir allmählich ganz handfest zu begreifen, dass unser Körper nicht bloß zum Lieben, Dekorieren und Tätowieren da ist. Plötzlich nehmen wir ihn wahr. Wann fing das eigentlich an? Na, erst vor Kurzem. Nur nichts zugeben, Mädels. Nichtsdestotrotz merken wir ihn auf einmal – nicht immer nur auf angenehme Weise. Wacher sind wir auch geworden. Aus einer gewissen Bangigkeit heraus, die uns rät, mehr auf die Signale unseres Divenkörpers zu achten. Nicht jeder ist ja so aus Muskeln zusammengesetzt wie Madonna, die Straffheit in Person – und die längste Zeit unser Vorbild als sich ewig neu erfindendes Wesen. Mittlerweile aber macht auch sie ein Gesicht, als strenge sie das alles ungeheuer an: Wahrscheinlich spürt sie ihren Körper auch schon zehn Jahre länger als wir.

Was im Umkehrschluss nichts anderes bedeutet, als dass diese Signale mittlerweile immerhin so stark sind, dass man sie nicht mehr so nonchalant überhören kann. So schmerzt neuerdings bisweilen das Knie. Pah, was soll das? Das passt uns nicht in den Kram, wir sind doch keine alten Tanten. Dennoch schmerzt es, still und heimlich schmerzt dieses dämliche Knie und verdirbt uns die abendliche Nordic-Walking-Runde mit den Klapperstöcken. Hinzu gesellt sich ab und an leises Ziehen in der Nierengegend. Nur weil man wieder mal probiert hat, im April halbwegs bauchfrei zu gehen. Geht doch noch – oder?

Nach einem trinkfesten Abend müssen wir zwei Tage fürchterlich und vor allem sichtbar büßen – wo früher eine altbackene Semmel nebst einem Gläschen Prosecco vollends ausreichte, um uns frisch wie eine englische Kartoffelrose zu machen. Wo sind die Zeiten hin? Bin dieser käsige Teigkopp im Spiegel etwa ich? O ja. Außerdem geht die erotische Akrobatik allmählich auch ins Kreuz. Wie bitte? Ja, wir haben eins.

Alles bio – oder was?

Kurz: Schon aus Selbsterhaltungstrieb – und aufgrund der erhöhten Signalfrequenz: Befassen wir uns lieber künftig etwas mehr mit unserer Gesundheit. Dazu, und das ist seit Kindertagen nicht anders, gehört so manches, was uns gar nicht schmeckt. Das hat mit der Ernährung noch nicht einmal viel zu tun. Für die meisten Menschen ist diese nicht mehr ganz so fern wie in jener Zeit, als man kräftig über Müsli-Esser von altem Schrot und Korn ablästerte und Döner und meterweise Tiefkühlpizza verzehrte. Das sollte man trotzdem streichen. Und jetzt kommt's: Viel frisches Gemüse oder Obst, ob püriert im Flascherl oder bei einem herzhaften Biss in einen Apfel. Zu sauer, sagen wir und verziehen das Gesicht, zu sauer ...

Falls es bei manchen nicht so weit ist, sollte endlich die Vernunft siegen. Anstatt immer bloß die sagenhaften Kochsendungen im Fernsehen anzusehen, kann sich jeder Wagemutige selbst auf dieses Terrain begeben. Ganz einfach beginnen. Frische Salate und Kräuter, Obst, nicht zu viel Fett, nicht zu viel Süßes. Genügend trinken, sonst bekommt das Gehirn nicht genug Nahrung. Man weiß es ja selbst nur zu genau, wo und wann man besonders sterblich ist. Und es gibt sogar Studien darüber, was der Bundesbürger vor dem Fernseher am liebsten knabbert: Überraschend viele geben an, sie würden Karotten und Gürkchen beim Tatort verspeisen. Oder waren es doch eher Gummibärchen, wenn es emotional hoch hergeht wie bei Rosamunde Pilcher? Aber das mit den Gurken ist bestimmt geschummelt. Bedenken Sie jedes Kilo, nicht allein der Optik wegen, sondern weil ihr Gestell diese auch schleppen muss. Mit den Jahren wird dies viel beschwerlicher.

Laster reduzieren

Einschränken, wenn nicht gar aufhören, lautet das Motto. Wenn Sie schon rauchen müssen, dann wenigstens in Maßen. Erziehen Sie ihren nikotinabhängigen inneren Schweinehund dazu, bis zum Abend ohne blauen Dunst auszuharren. Das ist in vielerlei Hinsicht sehr empfehlenswert: Erstens kann man seinen Job machen, ohne dass man regelmäßig die nächste Zigarettenpause vor Augen hat. Zweitens riecht man viel besser, wenn man im Büro sitzt. Ein eingefleischter Raucher tut dies meist nicht, auch seine Klamotten nicht. Drittens können Sie sich viel besser konzentrieren. Das Gehirn arbeitet viel besser ohne Qualm – selbst wenn Sie das vehement bestreiten. Viertens hat man einen Grund mehr, sich auf seine abendliche Zigarette in lieber Gesellschaft zu freuen. Und da man ja neuerdings früher ins Bett geht, ist das Maß erträglich. Wer indes kann, der soll ganz aufhören, und danach sofort anfangen, bei Heißhungerattacken jene so heuchlerisch beschworenen Gürkchen zu knabbern.

Letztere sind auch fantastisch einsetzbar, um das Gewicht zu reduzieren. Zumindest theoretisch. Diese drei Kilo bleiben uns vielleicht, recht viel mehr aber sollte nicht daraus werden. Süßigkeiten helfen zwar momentan gegen Stress, aber die Waage macht dann wieder neuen. Und das, obwohl die Schokolade an bestimmte Rezeptoren im Gehirn andocken soll, auf dass man glücklich werde. Wer grimmig feststellen muss, dass er langsam vierzig und fett wird, tut sich auf Dauer nichts Gutes. Doch nachdem man mit der Chipstüte in der Hand immer klüger ist, lassen wir die Standpauke sein und hoffen das Beste.

Die lustigen Tequila-Abende mit den Mädels sollten auch allmählich reduziert werden. Das kommt nämlich vor dem Spiegel und auch sonst nicht mehr ganz so gut wie früher. Wir brauchen wesentlich länger, um am nächsten Tag nicht nur präsentabel auszusehen, sondern sich vor allem so zu fühlen. Auch in diesem Punkt gilt die verträgliche Menge. Nur, wie viel ist das? Zwar streitet sich die Wissenschaft zuverlässig seit Jahren, ob Alkohol in Maßen nun gesund sei oder nicht – aber das Maß sollte auf jeden Fall eingehalten werden. Während der langen Party, die unsere Jugend war, haben wir unserem Körper schon einiges zugemutet. Seien Sie daher großmütig und lassen Sie Gnade walten. Wollen Sie sich ruinieren und mit vierundvierzig aussehen wie die arme Brigitte Nielsen, die sich vor laufender Kamera eine Generalüberholung verpassen lässt? Andere Laster haben wir in aller Regel nicht mehr und wenn doch, so sollte *frau* in sich gehen und sich fragen, ob das wirklich noch sein muss.

Ausschweifendes Nachtleben, das Haut, Haar und Trommelfell auch nicht mehr ohne Kommentar quittieren, reduziert sich nach und nach – quasi von selbst. Denn der Club und die Stammkneipe sind nun einmal nicht mehr das Zentrum unseres Daseins: Das sind vielmehr die eigenen vier Wände, in denen wir es uns am Feierabend gemütlich machen. Man mag es bedauern oder gut finden: In jedem Falle kommen wir häufiger vor Mitternacht ins Bett. Und erwachen frisch wie diese Heckenrose ... nun ja, so gut dies eben geht. Insofern kommen wir schon zwangsläufig zu mehr Schönheitsschlaf als früher. Schließlich soll der Schlaf vor Mitternacht ja der gesündeste sein, nicht der im Morgengrauen.

Wer sich nicht ganz im Klaren ist, was er seinem Körper zumuten kann und was nicht, der lausche aufmerksam in sich hinein. Wir können uns auf unseren Körper verlassen: Zuverlässig sagt er jetzt, was ihm zu viel ist und was nicht. Und falls wir klug sind, dann hören wir respektvoll und andächtig zu und versuchen, es ihm recht zu machen: Er gibt den Takt vor, er erobert sich seinen Primat wieder zurück. Auch die nächsten Jahrzehnte sollte er gut mithalten können.

Runter von der Couch!

Manche seiner unmissverständlichen Signale tendieren wir allerdings zu überhören. Aus eigener, tief eingefressener Bequemlichkeit stellen wir uns taub gegenüber seinen Bedürfnissen. Zum Beispiel ignorieren wir frech, dass unser Leib Bewegung braucht. Weil uns das gar nicht immer in den Kram passt – heute lassen wir es lieber ganz langsam angehen. Tanzen war ja in Ordnung – aber was um Himmels willen soll dieses Herumhopsen im Wald, wo einen keiner sieht und keiner bewundert? Die Evolution hat uns nicht Beine und Muskeln gegeben, dass wir immerzu im Auto hocken. Auch nicht, um als alleinige Fluchtbewegung die geliebte Couch anzusteuern.

Wir reden von Bewegung und nochmals Bewegung. Laufen, Schwimmen, Radeln, Wandern. Alles Dinge, die man lange machen kann, die den Körper nur mäßig belasten und die sich regelmäßig machen lassen – allein oder mit Gleichgesinnten. Eigentlich ist man blöd, wenn man sich dagegen sperrt: Man bekommt so unendlich viel zurück – allein die Müdigkeit nach einer sommerlichen Radtour fühlt sich ganz anders an als die Leere vor der Glotze. Und dies alles kostet kein Vermögen. Man braucht keine schicke Ausrüstung, muss beim Wandern auch nicht schön sein, und hat dabei noch jede Menge Spaß. War es nicht das, was wir uns immer so sehnsüchtig wünschten? Wir bleiben in Form und es fallen auch noch ein paar Glückshormone für uns ab. Vorsicht: Laufen kann auch süchtig machen …

Ich hab da was – die Midlife-Hypochondrie

Ein wenig Vorsicht ist doch geboten: Die Gesundheit als solche ersetzt kein Gesprächsthema. Bis das der Fall ist, haben wir hoffentlich noch ein paar Tage. Auch wenn das viele Menschen nicht wissen oder nicht wissen wollen. Viele unserer Girlie-Schwestern, die, als sie jung und knackig waren, ausgesprochen hart im Nehmen waren, die bis in die Puppen abfeierten, die Party ohne Ende machten und danach noch in die Arbeit gehen konnten, diese Nightlife-Amazonen klagen nun herzzerreißend über alle möglichen diffusen Malaisen.

Was ihnen nicht alles weh tut – die Liste ihrer Leiden ist so ausführlich und lang, dass wir, die – so heißt es vorwurfsvoll – mit strotzender Gesundheit gesegnet sind, uns wundern, dass sie überhaupt noch leben: Migräne, Blutarmut, Drüsenfieber, Herzrhythmusstörungen, Übergewicht – und all das unter einem Dach? Eigentlich müssten sie auf den Tod krank sein. Der gesunde Appetit jedoch hat sie auf ihrem langen Leidenswege offenbar niemals wirklich verlassen. Wenn das einzige Thema das ärztliche Bulletin wird, dann stimmt etwas nicht. Zum Jammern sind wir noch viel zu jung. Also bitte nicht über Nacht vom Saulus zum Paulus werden: Weder zur fanatischen Gesundheitsapostelin, noch zu Mrs. Leidenreich. Die Wehwehchen anderer sind leider nur bedingt interessant. Also gar nicht.

Kampf gegen Erschöpfung und Burn-out

Unsere Arbeit ist anstrengend oder bringt nicht so viel ein, dass man wirklich beruhigt in die Zukunft sehen könnte. Berufliche Überforderung, der Stress im Geschäft, den wir mit nach Hause nehmen, machen uns auf die Dauer nervös und unausstehlich. Von Mobbing oder Bossing ganz zu schweigen. Existenzängste plagen uns und unsere Familie. Als Freiberufler kann man sich nie zurücklehnen, als Arbeitnehmer ist man wiederum abhängig von Management und Markt. Rente? Dass ich nicht lache! Oder was ist damit: Den ganzen Tag mit hilflosen Senioren oder kranken Menschen umgehen, die sich nichts mehr wünschten als ein paar Minuten Redezeit, die man in Pflegeberufen jedoch kaum übrig hat? Zu mehr als einem netten Gruß reicht es nicht. Kein Wunder, dass bei permanenter Überlastung ein echtes Burn-out-Syndrom drohen kann. Dies ist ein komplexes Erscheinungsbild von Symptomen wie etwa Vernachlässigung eigener Bedürfnisse, Konfliktverdrängung, Rückzug, Verhaltensänderungen, innere Leere bis hin zu Depersonalisation, Depression und völliger Erschöpfung.

Auch weiter oben ist dieses komplexe Syndrom zu Hause: auch in den Vorstandsetagen: Überall dort, wo die Arbeit zur alleinigen Quelle von Kraft und Selbstbestätigung geworden ist, überall dort, wo man andere Ressourcen sträflich vernachlässigt hat. Erfolg ist eine Sache, aber geistige und seelische Verarmung und Anfälligkeit lassen oft nicht lange auf sich warten. Man kann dem Druck der Arbeit nichts mehr entgegensetzen. Wo Arbeit das ganze Leben geworden ist, kann kaum ein anderes stattfinden. Und das rächt sich eines schönen Tages.

Auch die von Schichtdienst, Beziehungsproblemen oder Mobbing gestresste Vierzigerin sollte therapeutische Hilfe suchen, bevor der schleichende Erschöpfungszustand zu einem chronischen Problem wird. Zur Lösung ist man selbst meist nicht in der Lage. Schließlich sind es auch Eigenschaften wie Konfliktscheue, Harmoniesucht oder Ängstlichkeit, die uns erst in diese verfahrene Situation gebracht haben. Lösungswege können von erfahrenen und vor allem außenstehenden Therapeuten eher aufgezeigt werden als von Familienmitgliedern, Freunden und Bekannten, so gut diese es auch meinen. Am besten natürlich, man setzt schon im Bewusstsein seiner potenziellen Gefährdung Präventivstrategien gegen Überlastung, Erschöpfung und einen drohenden Burn-out ein. Und vor allem rechtzeitig.

Schöpferisches Dagegenhalten

Wo liegen sie verborgen, die Quellen, die wir beizeiten anzapfen sollten? Schließlich wollen wir auch nach den gloriosen vierzig Jahren noch schöne Zeiten sowie hohe Lebensqualität genießen. Woher kommt sie bloß, jene innere Stabilität, die Fähigkeit, uns nicht über Gebühr mit kontraproduktiven Stimmungen zu belasten, indem man etwa die Sorgen, die unsere Arbeit mit sich bringt, mit nach Hause nimmt? Wo lässt sich eine Nische finden, die mit Arbeit, Beruf, vielleicht sogar mit der anstrengenden Familie rein gar nichts zu tun hat? Etwas, das Kraft schenkt, tiefe Freude, einen sicheren Abstand zum nervenaufreibenden Alltagsgetriebe? All dies kann die Beschäftigung mit der Kunst leisten. Sowohl passiv, indem wir ihr als Musik, Literatur oder Bildender Kunst einen Platz in unserem Leben einräumen, ihr Zeit widmen – und dank ihrer unsere nötige Atempause finden. Besser noch, man wird selbst aktiv und verwandelt gefährdendes Potenzial in kreative Arbeit.

Schöpferische Talente daher bitte nicht brachliegen lassen, vielmehr fördern und fordern! Wir müssen – oder können – nicht mehr *nur* durch Außenwirkung glänzen. Jene herrlichen Tage sind vorbei, als wir allein durch unsere naive Jugend und Schönheit im Mittelpunkt des Interesses standen. Schon deswegen sollten wir uns auf andere Ressourcen der Selbstbestätigung besinnen. Wir können doch auch noch was anderes als Alltag! Sie haben so gerne gezeichnet – warum haben Sie damit aufgehört? Keine Zeit gehabt? Immer unterwegs? Das wird sich ändern! Für das Schreiben gilt dasselbe. Fangen Sie wenigstens jetzt das Tagebuchschreiben an, damit Sie die Namen all ihrer Lover noch behalten können. Auch die Lover der Freundinnen, die werden's Ihnen dereinst mit Tränen der Rührung danken. Was, der schöne Peter? Wer soll denn das sein? Ein Besuch bei

Ihrer Tante Lore im Seniorenheim wird Ihnen bestätigen, dass der Tag unweigerlich kommt, an dem es auch ein wirklich wildes Mädel nimmer weiß.

Die Musik. Sie ist eine Welt, zu der wir immer Zugang haben, vorausgesetzt wir sind keine völlig amusischen Menschen, für die Musik nur Geklirr ist. Natürlich schwierig für die Techno-Freaks unter uns, die ja ohrenbetäubenden Krach als Musik hörten. Sollten Ihnen nach all den Love-Parade-Lastern und Blümchen-Tocotronics noch halbwegs intakte Trommelfelle und musikalischer Geschmack verblieben sein, ziehen Sie sich hin und wieder in das Reich der Musik zurück. Welche positiven Wirkungen die Musik ihrem Gehirn zudem schenkt, wird unsere grauen Zellen freuen. Was auch immer Sie tun, um Kraft zu tanken, die sich aus anderen Dingen speist als dem oft problematischen Umgang mit Menschen: Fangen Sie *jetzt* damit an. Diese Forderung sollte eine jede Vierzigerin in der Bilanz stehen haben. Falls Sie nämlich, hoffärtig wie Sie sind, noch zehn Jahre damit zuwarten, hören wir schon die Kommentare der liebenswerten Mitmenschen: »Ach, jetzt töpfert die Anne! Sie wird eben alt.« Noch geht der Aktzeichen- oder Tangokurs, bei dem man Anne neulich erwischt hat, tatsächlich als neues Hobby durch! Präparieren Sie sich klug …

Nie allein und immer in Fahrt!

So lautet das Motto des Hemulen-Freiwilligenorchesters aus Tove Janssons wunderbaren Mumin-Büchern. Zur Erinnerung: Hemule haben sehr große Nasen, hassen in aller Regel faltige Volants und Stille, sind gutherzig, etwas trampelig und lieben laute Blechmusik. Hemule sind wir demnach alle – und die Tante des Hemuls ist eine Marke für sich.

Dieser schöne Wahlspruch gilt natürlich auch für uns – was unsere Frage nach den Ressourcen anbelangt. Demnach entdeckt man etwas Eigenes ganz für sich – das gleichzeitig noch viele andere von uns tun. Nein, nicht schon wieder Verlieben, das ermüdet auf Dauer immens. Außerdem ist die Liebe oft eine recht einsame Angelegenheit. Wir aber wünschen uns, in schwärmerischer Erinnerung an die alten Tage, kollektive Verzückung! Zu unserer Zeit waren wir nicht *wirklich* Individualisten, auch wenn wir das propagierten, sondern wir waren so froh, nicht alleine zu sein. Nun kommt sie, die Überraschung: Was könnte sich dazu besser eignen als ein Garten? Ob Schrebergarten oder Waldhütte: Alle mehr oder minder jungen Leute wollen auf einmal raus ins Grüne. Nicht nur wir, sondern auch echt coole Leute wie der Berliner Schriftsteller Wladimir Kaminer.

Laube, Liebe, Hoffnung

Mit diesen Worten beschrieb das SZ-Feuilleton den neuesten Trend »junger Leute« zum Schrebergarten. Jetzt haben wir's amtlich – was viele von uns erleichtert aufatmen lassen wird. Wir sind keineswegs spießig, wir dürfen uns Trendsetter nennen! Kein Geringerer als der Bundesverband Deutscher Gartenfreunde nämlich meldet, dass die Generation Golf den Garten neu entdeckt hat. Und in der Tat: Wer sich in letzter Zeit verdächtig oft im Baumarkt bei den Petunien herumtreibt – auch das Obi-Phänomen war Rebecca Casati eine Kolumne wert – wer plötzlich fachmännisch über so rauschhafte Substanzen wie Torfmull oder Blaukorn Bescheid weiß, wer nach stressigen Verhandlungen vor dem Alltagslärm auf seine Parzelle voller Giersch und Ackerwinden entfleucht – der ist damit nicht mehr allein ...

Trend und Renaissance

Wie beruhigend: Sind wir auch kein Teil einer Jugendbewegung mehr, so doch wenigstens aktiv an einer Renaissance beteiligt, die den freilich schön geregelten und abgezirkelten Aufenthalt in der Natur anbelangt. Mit Kleingärtnersatzung! Zu dieser Renaissance gehört, nebenbei bemerkt, auch die alte Tugend des Wanderns, das kluge Leute schon von wilder Jugend an praktiziert haben, lange bevor Manuel Andrack oder Hape Kerkeling daraus einen Megakultur-Event machten. Der Garten als Ort geglückter Integration – nicht nur für Mitbürger mit Migrationshintergrund oder eingefleischte Gartenzwerge-Fans. Vielmehr auch Ort einer Integration bislang unvereinbarer Weltanschauungen: Junge Städter, die nachts um die Häuser ziehen oder zogen, die alle Szenelokale kennen und kannten, pachten einen Garten für das Wochenende mit Freunden! Ameisen gleich ziehen sie aufs Land, in die Parzellen, frei nach dem Prinzip »Datscha« oder dem »Sommerhaus« in Ost- und Nordeuropa.

Was ist denn dran an dem Garten? Zugegeben, er ist, so nicht in manchen Monaten die Grasmilbe regiert, ein geeigneter Ort für zwangloses *social life*, für fröhliche Geselligkeit, die sich den obligaten naturnahen Anstrich gibt ... und die dabei manchmal vergisst, dass sie die Freuden ihrer Vorväter dabei wiederentdeckt. Allerdings wäre Herrn Daniel Schreber, einem überaus pflichttreuen Mann und ebenso gestrengem Vater, die Tatsache ein Dorn im Auge, dass es den neuen Gartenjüngern keineswegs um Sparsamkeit, Selbstversorgung und Gesundheit geht, sondern um ein gemeinsames Erlebnis »Garten«. Das Bedürfnis nach gesunden Nahrungsmitteln befriedigt mittlerweile der Bio-Boom, der längst die Discounter erfasst hat.

Gemeinsames Wohlfühlen

Den neuen Schrebergärtnern geht es in erster Linie um ein gemeinsames Wohlfühlen, das sogar in Gartenhandschuhen und Gummilatschen einen Rest von »Coolheit« bewahrt. Wie schafft es das Paradebeispiel einer Institution sichtbarer Spießigkeit, sich heute wieder als zeitgemäß zu gerieren? Weil wir selbst das geworden sind, was wir niemals wollten: spießig? Und warum auch nicht? Nicht allein dies mag der Grund sein, den allerdings niemand von uns zugeben würde. Auf jeden Fall aber handelt es sich dabei nämlich um eine ansteckende Angelegenheit, und wir haben das auch schwarz auf weiß. In Berlin hat dieser Schrebergartenboom die jungen Familien mit Kindern erreicht – also uns. Voller Begeisterung findet sich der ganze Prenzlauer Berg in Laubenpieperkolonien versammelt. Man pflegt die Idylle.

Literarische Wurzeln

Selbst in der Literatur hat dieser Trend schon Wurzeln geschlagen – oder diesen gerade befördert, wer weiß? Wladimir Kaminer beschreibt die große Sehnsucht nach dem kleinen Draußen und schreckt dabei als guter Russe auch vor der Metaphysik nicht zurück. Sein Garten Eden heißt Parzelle 118 in der Kleingartenkolonie »Glückliche Hütten«, sein Buch *Mein Jahr im Schrebergarten*. Bezeichnenderweise war es seine Frau, die, der blühenden Apfelbäume ihrer kaukasischen Oma eingedenk, ihrem Adam diesen Floh ins Ohr setzte. Der Schöpfer der *Russendisko* hatte keine Wahl. Folgsam pflanzte er Hecken und Kohl und betrachtete das, was er da tat, als eine mögliche Methode, sich an die Ewigkeit heranzutasten. Angesichts einer liebevoll selbst gezogenen Roten Rübe lassen sich tiefe Gedanken dieser Art schon verstehen. Was, ich hab das gesät? Wie herrlich sie schmeckt! So gesund! In diesem Fall ernten wir gerne, was wir gesät haben – wobei wir redlich mit den Schnecken teilen müssen. Ein solcher Boom ist übrigens auch in Amerika zu beobachten. Dort plädierte sogar die *New York Times* der Gesundheit wegen für Selbstversorgung im Kleingarten – etwas, was in den USA nur in den »deutschen« Gärten überhaupt noch vorkommt.

Es ist unheimlich, aber wahr: Wir, die wir in jungen Jahren daran im Traum nicht dachten, uns in einem Mistbeet blicken zu lassen, wir, die wir mit Todesverachtung Vaters Fetthennen als hässliches Gestrüpp schmähten: Wir, die »Generation Unentschlossen« lassen uns zielstrebig zusammen mit vielen anderen Sinn- und Natursuchern auf eine meterlange Liste setzen und versuchen, den Obmann der Kleingärtnerei zu unseren Gunsten zu bestechen. Was bedeutet uns der Garten?

Garden light

Das Hamburger Trendbüro hat ermittelt, dass nicht etwa Mangold oder die mit eigenhändig erbeuteten Rossäpfeln gedüngte Gurke das grüne Glück ausmachen, hingegen das *gemeinsame* Naturerlebnis. Oder für das Lebensgefühl unserer Generation weitaus angemessener ausgedrückt: »das gemeinsame Abhängen in der Natur«. Also sprich nicht die Fron des Unkrautzupfens mit krummem Rücken steht im Vordergrund. Das macht sich ganz von allein – aber wer soll das sein? Dieses Versprechen belegen zahllose bunte Publikationen, die versichern, dass ein Garten *wirklich* bloß minimalen Aufwand bedeute. Was uns fatal an all die Bücher erinnert, die versprachen, jeder könne ganz ohne Probleme den Urknall begreifen. Nur nicht plagen, lautet die Devise … *Garden light*?

Was hat denn die lustige Schar im Grase vor? Alleinsein, Ruhe finden, in inniger Verbundenheit mit der Natur wie ein einsamer Zen-Mönch Kies zu harken jedenfalls nicht. Wahrscheinlich ist das Phänomen ganz simpel zu erklären: Man weiß wieder wohin mit sich am Wochenende! Und wenn man mit all seinen Freunden und Bekannten sonntagnachmittags draußen abhängt – Kaffee und Kuchen in der liebevoll der Brennnessel-Wildnis abgerungenen Romantik-Ecke dürfen natürlich dabei nicht fehlen – sieht man im Garten nebenan alte Leutchen genau das Gleiche tun. Aber es ist nicht dasselbe! Alt eingesessene Gärtner haben bereits aufgegeben, sich über dieses bunte Völkchen zu wundern ... das »junge Gemüse«, das (noch) gar kein Gartenethos und noch so wenig Erfahrung hat. Und die Tonne mit der selbst angesetzten Brennnessel-Gülle kam geruchstechnisch ganz schlecht an.

Wir sind auch da – und wieder zusammen!

Das neue Gartengefühl gibt auch mehreren Spezies aus der Riege der Vierzigerinnen ihr Habitat: Zum einen findet sich darin die zahlenmäßig sehr gut vertretene Liegestuhl-Fraktion, damit vollkommen zufrieden, einfach nur da zu sein und ein bisschen mit den anderen zu plaudern. Über Gott und die Welt, Klatsch und Gesundheit, ein paar Liebesgeschichten gibt es noch am Rande, aber weitgehend skandalfrei. Dieses soziale Bedürfnis hat nicht unbedingt mit dem Garten an sich zu tun, in erster Linie mit der Geselligkeit, die ein Garten neuerdings ausstrahlen kann.

Man fühlt sich regelrecht in alte, lang vermisste Zeiten zurückversetzt: Früher wusste man doch auch immer, wo alle steckten – im »Kappeneck« nämlich und danach in der »Wunderbar«. Danach machte jeder lange Jahre seinen eigenen Kram, Beruf und Familie, die alten Freunde und Freundinnen sahen sich höchstens mal zufällig beim Shoppen. Jetzt weiß man zumindest sonntags wieder, wo die Musik spielt. Da es sich meist um einen »offenen Garten« handelt, ist man als braves Rotkäppchen mit ein paar leckeren Muffins im Körbchen immer gerne gesehen. So entwickelt man in der gefühlten Jugend und realen Lebensmitte auch noch das erhebende Glücksgefühl, Backwerk aufgehen zu sehen.

Garten-Gemeinsamkeit

Auf diese Weise kommen Freundschaften zu neuer Blüte, die man mangels Zeit und Interesse längst verloren glaubte: Der Garten selbst ist nun zu einem solchen gemeinsamen Interesse geworden. Die Liegestuhl-Fraktion ist, was die Arbeit als solche anbelangt, ausgesprochen faul – die Sehnsucht hat keinerlei haptische Aspekte, hat also mit Arbeit nichts zu tun: Das weiß natürlich auch der heiß geliebte Baumarkt, welcher uns vollmundig das Glück ohne Knochenarbeit verspricht, dank sogenannter *Komfortartikel*. Ein gewaltiger Irrtum. Gartenspaß kann man auch ohne Arbeit haben – echtes Glück hingegen nicht. So jedenfalls sprechen die Antipoden der Liegestuhl-Fraktion, diejenigen Mädels, die anpacken ... Aber da sind wir noch nicht.

Sodann gibt es eine Pragmatiker-Fraktion, die nicht nur keinen grünen Daumen ihr Eigen nennt, sondern noch nicht einmal eine blasse Ahnung vom Garten hat. Sie fühlen rein gar nichts. Trotzdem geben sie selbstsicher und vor allem ungefragt tausend Tipps, während sie lautstark den innigen Wunsch kundtun, man möge doch endlich einmal Salat anbauen anstatt lauter buntes Zeugs, das man nicht essen kann. Im Februar bringen sie ein

Tütchen abgelaufenen Sommerwiese-Samen und kippen den Inhalt ins Staudenbeet. Oder den Radieschensamen von der AWO-Tombola ins Rosenbeet. Kurz gesagt: Diese Frauen sind Barbarinnen – und es sagt ihnen keiner. Sie weinen bittere Zähren bei der Aussicht, dass bald der Rasen gemäht werden muss, weil sie Freiheit mit Wildwuchs gleichsetzen. Gleichzeitig machen sie den Garten, der doch gar nichts dafür kann, für die heftige, fürchterlich juckende Grasmilbe verantwortlich, welche am langen Halm auf ihre Opfer lauert und sie abscheulich zurichtet.

Dafür fegen sie mit wahrem Heldenmut die muffelige Hütte. Verbrennen mit behandschuhten, sehr spitzen Fingern den Orion-Prospekt des Penners, der bisweilen, als die Hütte noch verwaist war, darinnen nächtigte. Im Gegenzug legen sie ungeahnten Mut beim Fällen düsterer Schwarzfichten an den Tag. Und sie haben auch brav zusammen mit den anderen im milden Winter das Holz mit Astschere und Axt zusammengeschnitten. Seither prangen zwei tadellose Holzstöße im Garten, worauf sie auch stolz sind. Sie haben es auch ohne weitere Vorkenntnisse verstanden, einen aus dem Winterschlaf bös aufgestörten Igel ohne Trauma in einen neuen Laubhaufen zu verfrachten. Und danach fuhren allesamt todmüde, aber glücklich nach Hause, Muskelkater und Splitter im Daumen inklusive. Eine ungewohnte, neue und mit gemeinsamen Kräften gemeisterte Herausforderung. Ganz zu schweigen von dem selbst gebauten Plumpsklo mit eigenhändig gegrabener Sickergrube … ein Teil des wirklichen Lebens.

Eva und Adam im Gartenparadies

Daneben gibt es die anderen, die sich weitaus in der Minderzahl befinden. Diese Vierzigerin ist voller Leidenschaft, sie will nicht im Garten bei Kaffee und Zigaretten sitzen, sie will dort weder reden noch jemandem zuhören. Sondern sie will beständig herumwursteln, sie stürzt sich wie ein Geier auf die tückische Ackerwinde, legt unter Aufbietung all ihrer schwindenden Kräfte Hochbeete an. Angetan mit einem nach hinten gebundenen Bäuerinnenkopftuch schaufelt sie den Kompost um, als habe sie nie etwas anderes und vor allem Schöneres getan. Ihre Bandscheiben zieht sie dabei arg in Mitleidenschaft. Sie und ihre Schwestern sind so schweigsam in ihrem Garten, dass man sie auch bald nicht mehr anspricht. Und wo sind die Männer?

Obwohl es auch viele begeisterte Gärtner geben soll – die dann aber gleich zu Versailles garteln – scheint es bei der Generation Golf namentlich die Frauen erwischt zu haben. Deren Männer sehen, das muss leider auch gesagt werden, dem Gartenfimmel ihrer Liebsten seit geraumer Zeit mit zunehmender Sorge zu. Ganz einfach: Sie sind eifersüchtig! Sind sie etwa abgemeldet? Eifersüchtig, jawohl: Nicht mehr auf den schönen Peter mit Schmachtlocke, Dackelblick und Dreitagesbart, sondern auf Rosen und Bechermalven, auf Funkien und Indianernesseln. Absolut konkurrenzlos! Anfangs ließen sie sich, ökonomisch veranlagt, wie sie sind, noch von der Tatsache einlullen, dass diese Leidenschaft gewiss nicht den Namen Prada trägt. Wer dann aber beobachten muss, wie oft die Pakete aus Staudengärtnereien und Rosenversandhäusern aus dem ganzen Bundesgebiet ankommen, der beginnt zu ahnen, dass das Lebendige erst recht seinen Preis hat. Vor allem aber sind sie eifersüchtig auf die Zeit, die wir dem Garten widmen. Eine Zeit, die sonst für sie reserviert war. Der Garten raubt auch viel von den gemeinsamen Freizeitaktivitäten. Am schlimmsten ist es vielleicht, dass wir so gerne *allein* im Garten sind. Dass wir dazu niemanden brauchen als ihn. Den Garten.

Ohne Zeitung, ohne einfachen Grillauftrag oder einem Bierchen zu Sonnenuntergang fühlen sich unsere Männer darin sogar oft ziemlich unbehaglich. Das Kreatürliche *in puncto* Pflanzen interessiert sie nur wenig. Das Kontemplative, das uns erfasst hat, teilen sie ganz und gar nicht. Dabei tun wir etwas sehr Ehrenhaftes: Wir versuchen, ein Paradies zu machen für diejenigen Menschen, die daraus vertrieben worden sind. Wladimir Kaminer nennt das »sich an die Ewigkeit herantasten«. Der grüne Furor, der auch beginnt, Gespräche zu dominieren wie sonst die Themen, die unsere Männer selbst einzubringen wünschen, ist ihnen unheimlich. Dort benötigen sie unsere Gesellschaft mehr denn je – wie sonst auch, es sei denn, sie frönen ihren Leidenschaften. Wenn man sie ins Grüne zerrt, spielen sie Fußball mit den Kindern, lesen den *Economist* oder gehen schwimmen. Allein aber wirken sie in einem Garten oft einsam. Was uns wundert und leidtut, die wir es gerade nicht tun – und nicht nur, weil viele Leute da sind. Obwohl unsere Liebsten Freude vorgeben, wenn wir ihnen (wem sonst?) die schönste Rose zuerst angedeihen lassen. Gedeihen ist in diesem Gartenleben ein schönes Wort. Vielleicht, so mutmaßen etliche unserer Gartenschwestern, waren wir früher einfach zu dumm für einen Garten.

Das könnte was werden

Das sind dann die ganz Ergebenen, die von tollpatschigen Radieschen-Dilettantinnen zu einer souveränen Gärtnerin heranreifen. Nicht jeder, der Giersch ausrupft, ist bereits ein Gärtner – noch möchte er dies werden. Dazu gehört viel mehr: Wissen, Beobachtung, Vorsicht, Erkennen, was möglich ist und was nicht. Einen Sinn für Schönheit entwickeln, der mit den Bedürfnissen der Pflanzen einhergeht. Zeit vor allem. Dazu gehört auch eine profunde Sehnsucht danach, etwas von menschlichen Schwächen und Freuden gänzlich *Unabhängiges* zu tun: ein Akt tiefster Weisheit, wenn man es einmal so betrachtet. Ein Gärtner sieht, was er tut, er bekommt in aller Regel etwas zurück von seiner Mühe. Der Preis besteht nur in Schönheit. Wir brauchen diese. Was es nun genau ist, muss eine jede für sich entdecken. Eine Rose sieht gut aus, redet keinen Unsinn und riecht gut: Wer kann das ohne Weiteres von sich behaupten?

Nachdem wir mit dieser Leidenschaft offenbar ganz und gar nicht allein sind, brauchen wir uns dabei auch nicht merkwürdig zu fühlen. Es scheint ein Trend, der beständig anwächst und ansteckend ist. Unsere Kids werden es uns danken – denn sie sind die großen Nutznießer eines Gartens und tun das, was Generationen von Kindern vor ihnen bereits getan haben: Sie versuchen, Tulpen-Fußball zu spielen, sie bauen Verstecke und spielen Blindekuh. Sie haben keinerlei Zeitgeistprobleme. Wir sehr wohl. Am Anfang denkt man ja selbst von sich: »Was ist nur in mich gefahren? Werde ich jetzt alt?« Dann jedoch überwiegt die Freude solch kleinkarierter Gedanken. Die Furcht »spießig« zu werden, ist vollkommen unnötig: Wer sich das fragt, ist es ja längst. Und hat noch nicht begriffen, dass man auch mal die Techno-Hose ausziehen kann und tun, was einem Freude macht – egal, was irgendjemand darüber denkt.

Der Garten Eden wäre indes nichts ohne das ewig wirkende Böse. Für manche ist das der feiste Engerling, für andere wiederum ist es die Satzung der Kleingärtnerverordnung. Eine harte Nuss, denn die Burschen da meinen es ernst mit ihrer Ordnung. Für manche sind dies die Nachbarn, die sich über den Wildwuchs des Gartens mokieren und einen sogar beim Obmann hinhängen, weil der Rasen nicht mit der Nagelschere geschnitten ist. Begegnen Sie diesen zerstörerischen Kräften heroisch. Sie haben das Nachtleben glücklich überstanden – also müssen Sie solche Störfälle nicht fürchten. Außerdem haben Sie ja so etwas wie eine Garten-WG: Gemeinsam ist man stark. Auch das ist eine erstklassige Ressource ...

Friends & Lovers

Wir werden vierzig. Und was für die Geheimnisse eines echten Gartens gilt, das gilt natürlich auch für das Werden und Vergehen der Liebe selbst: Das Unkraut ausrupfen und ab damit auf den Kompost, darauf kann ja mal ein fröhlicher Kürbis wachsen. Nach und nach, das merkt jede Frau in unserem Alter, setzen wir mehr auf beständige Freundschaft als auf notorisch flüchtige Lover. Deren Frequenz nimmt ohnehin erfahrungsgemäß ab. Sei es, weil wir selbst sicherer und ruhiger geworden sind und nach all den wilden Nomadenjahren das Bedürfnis nach wenigstens temporärer Sesshaftigkeit verspüren. Außerdem ist es zu anstrengend geworden, aus den verliebten Höhenflügen im Alltag mit dem schönen Peter wieder und wieder auf die Nase zu fallen. Also sieht man sich die Kandidaten heute doch etwas genauer an – wo man sonst nicht immer so wählerisch war. Diese neu gewonnene oder mühsam erworbene Fähigkeit ist schon ein hervorragendes Kraftreservoir an sich. Stressprävention pur ...

Weißt du noch?

Nun entdecken wir etwas, das wir früher nicht für möglich gehalten hätten. Die Freuden der *Stabilität*. Unruhig und zappelig waren wir schließlich lange Zeit. Nicht genug, dass wir plötzlich wieder gerne auf Klassentreffen gehen oder uns wehmütig der Zeiten erinnern, als wir 14 Jahre alt und ohne Bürde waren. Natürlich ist das dreiste Geschichtsklitterung, aber so empfindet man's eben. Im Nachhinein natürlich. Wir freuen uns sogar von Herzen, wenn uns jemand in seiner Kindheitserinnerung bewahrt hat: »Ich seh dich noch vor mir in deinem fürchterlichen Bikini! Weißt du noch?« Wir kommen nun nämlich auch in die Phase, in der man sich seiner selbst durch die Erinnerung anderer versichert.

»*Memories are made of this*« bezieht sich nun nicht mehr hauptsächlich auf Amore, vielmehr insbesondere auf die Zeit, da man von deren Stürmen noch gar nicht gezaust wurde. Wo man noch mit den Jungs Fußball spielte oder das Höchste auf der Welt die Pferdeposter waren. Während wir, als wir jung und absolut siegessicher waren, schon das Wort *Erinnerung* mit der tattrigen Oma gleichsetzten, merken wir nun selbst, wie wir diesen Schatz als solchen begreifen und horten. Auf einmal sind alte Fotos wieder interessant – und wer beschreibt den Stolz, mit dem man noch alle Klassenkameradinnen herunterbeten kann?

Die Quantität der Bekanntschaften und Freundschaften nimmt ab. Schließlich ist man ja nicht mehr an jedem Abend unterwegs. Es gehört auch nicht mehr zum Selbstverständnis, alles und jeden zu kennen, überall dabei zu sein. Das dezimiert den Bekanntenkreis gewaltig. Wollen wir hoffen, dass etwas übrig bleibt vom Nachtleben für den Tag. Natürlich sind wir nicht mehr so präsent im Gedächtnis der hippen Stadt. Andere haben nun unseren Platz als *beautiful people* eingenommen – natürlich können sie uns niemals das Wasser reichen! Im Beruf findet man Herausforderung, Routine, Befriedigung – aber Freundschaften? Es soll Ausnahmen geben, aber sie sind rar. Konkurrenzdruck und -neid machen selbst den naivsten Teamplayer mit der Zeit mürbe. Und im Kollegium, das man jahraus, jahrein sieht, entstehen sie auch nicht zwangsläufig: Jeder ist eben in sein Leben eingebunden.

Kurz: Als gute Naturschützer müssen wir den geschrumpften Bestand hegen und pflegen – und gleichzeitig für Nachwuchs sorgen. Ein gutes soziales Netz bewahrt uns vor Depression, Selbstüberschätzung und Arroganz. Und natürlich Schrulligkeit. Selbst die Eremitinnen unter uns freuen sich, mal im Spion ein freundliches Gesicht zu sehen.

Auge in Auge

Man kann doch ausschließlich übers Internet seine Kontakte pflegen, oder etwa nicht? Alles schön und gut. Aber die Begegnung von Angesicht zu Angesicht ersetzt das Netz nicht. Das Glück der Freundschaft ist eben nicht nur im binären Code zu finden. Lassen wir die Kids vor ihrem Rechner versauern, weil sie ihren 11 000 Freunden »noch schnell 'ne mail« schreiben müssen. Lassen wir andere seelenruhig mit blonden Avataren plaudern oder vermittels irgendwelcher Pseudonyme in sagenhafte Elfenreiche abzwitschern: Wir brauchen lebendige, atmende Menschen um uns herum – das ist das größte Abenteuer. Risiko inbegriffen.

Wir wollen wirkliche Menschen, die wir lachen hören, auf dass sie uns oder wir sie damit anstecken. Mit denen wir über »die Zeiten« reden können, auch wenn es noch keine »alten« sind. Die von uns viel mehr wissen als ein Internet-Steckbrief auf *My Space* je vermitteln kann und worin man sich immer interessanter zu machen versucht, als man ist. Wir wollen unsere Freunde behalten: Weil sie mit uns zusammen jung und närrisch waren, weil sie mit uns viel erlebt und miterlebt haben. Wir brauchen Menschen aus Fleisch und Blut, die uns auch unausgeschlafen, grantig, gallig und traurig erleben dürfen – und umgekehrt! Freundschaften bereichern unseren geistigen und gesellschaftlichen Speisezettel – man teilt gemeinsame Erfahrungen, Interessen, Hobbys. Die Art und Weise, wie und ob wir Freundschaften leben, zeigt auch, inwieweit wir fähig sind, andere Lebensperspektiven zuzulassen – was immer auch ein gutes Korrektiv eigener lieb gewordener Irrtümer mit sich bringt.

Und wenn es nur der pure Eigennutz ist, der einen (wieder einmal) an den Klassenstammtisch treibt: Man sollte bereits jetzt hin und wieder einen Gedanken an das »Später« verschwenden: Wer dann einsam sein will und dem Leben der anderen aus dem Fenster zusehen möchte, der igle sich ein, jammere über das Älterwerden und den Verlust der Schönheit, entweder alleine oder mit dem Partner und lasse die Welt am besten vor der Türe. Wer erst dann wieder an seine Freunde denkt, wenn's mit dem mittlerweile auch schon etwas ramponierten schönen Peter wieder mal Knatsch gibt, der braucht sich nicht zu wundern, wenn das Echo eher verhalten bleibt.

Qualität

Wir haben schmerzlich gelernt – oder es beginnt uns allmählich zu dämmern, was *Qualität* ist. Oft das Gegenteil von dem, was wir jahrelang in hektischer, denkbar uncooler Unkenntnis praktiziert haben. Dieses neue Bewusstsein gilt insbesondere für die Liebe und die Menschen, die wir für liebenswert halten. Doch es gilt ebenso für die Freundschaften. Manche von ihnen hat man jahrzehntelang einfach so mitgezogen, obwohl man insgeheim wusste, diese Leute sind weder zuverlässig noch loyal. Nun ist die Zeit – so propagieren es ja auch zahllose Lebenshelfer – sich des unnötigen Ballasts zu entledigen. Entrümpelt wird auch in dieser Ecke! Lieber wenige, aber gute Freunde, als welche, die uns belasten, ärgern, traurig machen.

Oft berührt sich die Liebe mit der Freundschaft: In jenen heutigen Freunden nämlich, die ja oft auch aus ehemaligen

Liebhabern bestehen. Mann und Frau können sich sehr gut verstehen: *Hinterher*! Je mehr Burschen sich gerne, manche sogar mit unverbrüchlicher Liebe an uns erinnern, und die nicht ewig beleidigt oder uns spinnefeind sind, weil wir nicht immer so gut waren, wie wir hätten sein können – das ist ein gutes Zeichen. Wenn am Vierzigsten ein Großteil der (wirklich wichtigen!) Ex-Freunde und Geliebten anruft oder ein ganz harter Knochen gar ein von Hand geschriebenes scheues Kärtchen schickt, dann hat man es bei allen vergossenen und zugefügten Tränen doch noch richtig gemacht. Dann nämlich schwelgt ein Mann in den Erinnerungen an uns – und auch das verankert uns aufs Schönste in der Welt.

Nichts ist so ehern wie solche Freundschaften. Vorausgesetzt, man verzichtet darauf, ohnehin nur mäßigen Sex, den noch nicht einmal die Nostalgie sehnsuchtsvoll verklären konnte, mit den Jungs aus purer Eitelkeit wieder aufzuwärmen. Nur, weil man uns beharkt hat, von uns als erotisches Wunderwesen schwärmt und der gute Mann beteuert, er wisse nicht, wie er's die letzten sieben Jahre ohne uns ausgehalten hat. Falls *er* es nicht mehr weiß, können wir gerne weiterhelfen. Da war eine Kathrin, dann eine Julia, eine Stella und dann noch ein paar … Also bloß nicht sentimental werden, das lohnt sich nicht! Hinterher dürfen Sie ihm bloß sein BAföG zurückzahlen.

Mit manchen Männern ist man besser befreundet – das ist schon der beste Sex, den man mit ihnen haben kann. Die Vorteile im guten Umgang mit Ex-Lovern sind immens: Man kann sich gefahrlos so geben, wie man ist. Schließlich kennen sie einen zur Genüge schlecht gelaunt. Man muss weder toll noch erfolgreich sein. Sie kennen das Geheimnis unseres Misserfolges und trösten uns. Sie haben uns lieb.

Damit sind wir schon bei den Liebhabern. Wie gesagt, sie dürfen gerne auch jünger sein – es muss ja nicht ewig die Affäre mit dem verheirateten Familienvater bleiben. Möchten Sie in den Weihnachts-, Oster- und Pfingstferien denn immer mutterseelenallein herumhocken? Oder zu Silvester um Mitternacht bloß eine SMS kriegen und keinen echten Kuss auf die eiskalte Nasenspitze? Aber all die Warnungen sind gar nicht nötig: Viele von uns haben bestimmt in den letzten Jahren etwas mehr Umsicht als früher walten lassen, wo so einiges in ihrem Bett landete, was da bei Licht besehen gar nicht hineingehörte.

Doch auch diese Situationen werden seltener: Man kann auch irgendwie nicht mehr wie früher schon wieder einen Kerl für einen One-Night-Stand heimschleppen! Wenn einen der Hausmeister sieht! Früher guckten zwar alle neidisch, wenn man im Morgengrauen am Arme eines hübschen Mannes heimschwankte. Allmählich aber sollten Sie sich klug mäßigen. Sonst kann es sein, dass der Blick mitleidig wird. Wer von uns so heftige erotische Bedürfnisse hat, sollte noch vor der Zeitungsfrau da sein, ganz einfach.

Die Ehe

Ob die erste oder die zweite (was allerdings dann schon rein zeitlich gesehen nicht ganz so beachtlich ist): Falls Sie immer noch in ihren Mann verliebt sein sollten, dann kann man Sie nur von ganzem Herzen beglückwünschen! Offenbar befriedigt dieser Mann das Bedürfnis nach geistiger und seelischer Anregung, nach Geborgenheit, Zärtlichkeit und Erotik ebenso gut wie Sie umgekehrt die seinen. Eine gute Ehe ist eine der schönsten und besten Ressourcen. Zugegebenermaßen selten. Wenn man immer noch weiß, warum diesen da und keinen anderen. Wenn man ein fröhliches Bett sein Eigen nennt, sich gut miteinander unterhalten kann und sich unterstützt, wo es nur geht. Wenn er dann auch seine Midlife-Crisis hinter sich gebracht hat, dann stehen die Chancen ganz gut, noch ein fröhliches liebevolles Ehepaar zu werden. Auch da spielt Freundschaft keine geringe Rolle: Haltbarer macht sie jedenfalls.

Nachdem die Männer, wie eine Studie jüngst zeigte, uns buchstäblich zum Leben brauchen, können wir auch endlich zugeben, dass es bei uns auch nicht anders ist. Und das nicht nur deshalb, weil er die lästige Steuererklärung macht und das Geld aufs Beste verwaltet! Die Liebe hat sich gewandelt: Wir haben so nach und nach etwas dazugelernt. Derart grobe Schnitzer wie früher passieren uns nicht mehr, wir fallen nicht mehr automatisch auf Dreitagebärte herein – das sollen künftig andere tun! Wir wissen immer besser, wie kostbar die Zeit ist, und gehen nicht mehr ganz so leichtfertig mit ihr um wie früher. Die Liebe sollte mittlerweile unkomplizierter sein – weil wir selbst besser angekommen sind in uns selbst, in unserem Körper.

Wir haben uns verändert: Viele Frauen sind zufriedener mit ihrem Leben als mit 25. Da dürfen wir auch die Liebe getrost mit einbeziehen. Die nervenzerrüttenden Scharteken von früher sind anspruchsvolleren Bühnenstücken gewichen. Mehr Menschenkenntnis verhilft uns dazu, manche Typen wie die Pest zu meiden: weil sie uns einfach nicht guttun! Einer Frau, die mit vierzig noch immer dem schönen Peter nachläuft, ist nicht zu helfen.

Job

Manche von uns hatten Glück und fanden eine gut bezahlte Stellung, die ihnen erlaubt, sich trotzdem ihrer Familie und ihrem Privatleben widmen zu können. Manche hingegen stehen schon kurz vor dem Burn-out. Oder leiden an der *yuppie flu* –

wie das chronische Müdigkeitssyndrom unserer Generation in Amerika genannt wird. Diffuse Krankheitsbilder sind übrigens bei berufstätigen, oft überlasteten Frauen sehr häufig.

Wie sieht es mit dem Job als Ressource aus? Entweder wir haben einen oder wir haben keinen. Entweder wir haben eine gute Karriere hingelegt, dann sollte es natürlich auch in Zukunft so weitergehen. Oder aber wir fühlen uns nicht wohl in unserem Beruf oder mit den Kollegen und wünschen uns die radikale Veränderung. Jedoch auch wenn wir einen einigermaßen guten Job haben, können wir heute nicht mehr mit der Sicherheit vergangener Zeiten zu Recht hoffen, dass dies auch so bleiben wird. Es hat steile Karrieren gegeben, die erschreckend abrupt über Nacht ihr Ende gefunden haben. Andere wagen es und stürzen sich in die Selbstständigkeit – mit einer vielversprechenden Geschäftsidee.

Insgesamt sind die Erwerbsbiografien viel brüchiger geworden, weniger linear. Das bedeutet zum einen mehr Existenzangst, aber oft auch mehr Freiheit, weniger Routine. Wer heute Arbeit hat, hat gleichzeitig mit Sicherheit mehr Furcht als früher, sie zu verlieren. Insbesondere in Berufen, die schon vom Selbstverständnis her »jung« sind wie etwa der ganze Medienbereich. Stress ist heutzutage häufiger als früher, der Stress in der und durch die Arbeit ist nach der WHO die größte Gefahr für die Gesundheit.

Wann kann der Job eine echte Ressource sein? Ganz einfach, wenn er mehr Kraft gibt, als er einem nimmt. Hier gilt dasselbe wie beim Thema »Burn-out«. Damit die Arbeit auch im Großen und Ganzen Quelle der Kraft bleibt, sollte man, falls möglich, beizeiten die Weichen stellen. Das bedeutet auch delegieren zu lernen, anderen etwas zuzutrauen. Wach bleiben, ob die Arbeit auch das Privatleben ungut dominiert. Wenn Leistungskraft und Energie schwinden, dann stimmt etwas nicht. Warten Sie bitte nicht, bis der Leidensdruck zu groß wird. Gedanken wie: »Mit vierzig bin ich doch schon zu alt«, sind in manchen Branchen zwar verständlich, aber kontraproduktiv.

Sie sind kein dummes kleines Ding mehr, das sich sagen lassen muss, was es ist. Sie sind eine selbstsichere Frau, eine, die noch viel Zeit und Gelegenheit haben wird, ihre Fähigkeiten einzubringen. Lassen Sie sich, auch wenn Ihre momentane Joblage nicht zum Jubel Anlass gibt, nicht ins Bockshorn jagen. Schaffen Sie Gegengewichte.

Humor und Schluss

Kein Thema könnte besser für ein Schlusswort zum vierzigsten Geburtstag passen. Humor, Zärtlichkeit und Lachen sind es, die uns die beste Rüstung der Welt vermitteln – eine mindestens ebenso gute wie das Hängerkleidchen und die schweren Schuhe damals. Damit ist natürlich nicht gemeint, sich über andere auf gemeine Weise lustig zu machen. Das sieht im Gegenteil ziemlich hässlich aus. Keine noch so teure Gesichtsmaske der Welt kann dies verbergen. Neid, Konkurrenzgebaren, Illoyalität, eine böse Zunge: All das macht alt und unansehnlich vor der Zeit.

Wo wir schon immer um unsere äußerliche Schönheit fürchten, sollten wir endlich auch einmal die innere berücksichtigen: Schließlich sieht man uns allmählich an, wer wir wirklich sind! Wir sind jetzt nämlich wer. Bloß *wer*? Ein verruchtes Kind wie Carla, eine Chaotin wie Marcelline? Vielleicht muss man das gar nicht so genau wissen. Immerhin ist es der Generation Golf in ihrer Definition auch recht eng geworden. »Generation alter Golf« klingt leider auch nicht gerade schmeichelhaft.

Wir haben uns verändert, wir werden uns weiter wandeln. Unser Alter, unsere Frauengeneration erlaubt so vielfältige Lebensmodelle wie selten zuvor – dabei sind manche Dinge seit der Steinzeit gleich geblieben im Verhältnis der Geschlechter. Die bunte, mitunter verwirrende Vielfalt ist andererseits eine große Chance, weil wir uns wenigstens nicht gegen ein fest umrissenes Frauenbild behaupten müssen, sondern nur gegen den nicht unerheblichen Rest.

Wir verändern uns, ja. Nicht alles wird unser Entzücken finden, da brauchen wir uns nichts vorzumachen. Dagegen hilft kein Anti-Aging, da können wir Tee trinken, so viel wir wollen oder im Schüssler-Salzbergwerk untergehen. Selbst die teuerste Creme wird uns einmal uns selbst überlassen müssen. Dies mit Humor zu akzeptieren, *kann* uns nur schöner machen. Es bleibt uns auch gar nichts anderes übrig.

Allmählich wird es also Zeit, sich einen ansehnlichen Vorrat von Ressourcen, darunter natürlich auch den Humor anzuschaffen. Haben Sie keinen? Sie müssen gewisse Eigenschaften wie Eitelkeit und Eigenliebe nur ein bisschen herunterstutzen, dann treibt er schon von selbst aus. Lassen Sie sich überraschen! Schließlich ist der Sinn für das Merkwürdige und Skurrile unseres Daseins das Lachen – insbesondere das *über sich selbst* und unsere zahlreichen Marotten und Malaisen, eines der herrlichsten Geschenke des Himmels. Andernfalls würden wir uns nämlich viel zu ernst nehmen und glauben, die Welt bestünde tatsächlich aus der richtigen Schopf-Coloration oder darin, ob wir wirklich schon mal den wildesten Sex der Welt hatten. Humor ist unabdingbar für uns Menschen, insbesondere für uns Frauen, um nicht an unseren zahllosen, meist vergleichsweise kleinen (!) Sorgen zu verzweifeln.

Ich halte die Sorge der Vierzigerin, was ihre Attraktivität angeht, für maßlos übertrieben: Was wird sie denn mit fünfzig Jahren erst sagen? Mit sechzig? Vielleicht verliebt sie sich dann mit siebzig noch einmal, wer weiß? Hoffentlich lernt sie, in den nächsten Jahren endlich das Wichtige vom Unwichtigen zu unterscheiden. Das wäre an der Zeit, damit wir reifen Frauen nicht ihre große Chance verspielen teilzuhaben, unsere Meinung zu sagen und zu vertreten, gestalten. Wer redet uns ein, dass wir keine Chance *mehr* hätten? Wir ganz allein.

Nur wer sich selbst nicht mehr als Teil des Ganzen, nur wer sich selbst nicht mehr attraktiv fühlt, der wird unsichtbar – ob man nun zwanzig oder vierzig oder fünfzig Jahre alt ist. Es ändert sich ja nur die Zielgruppe, die erotisches Interesse zeigt! Sie können nicht immer und ewig den zwanzigjährigen Jungs gefallen, Herrgott noch mal! Genießen Sie auch die Blicke eines attraktiven Mannes, auch wenn er ein bisschen älter ist als Sie. Die gibt es nämlich zuhauf.

Wie immer kommt es dabei ganz auf Sie an. Wenn man Ihnen wenigstens von Zeit zu Zeit ansieht, dass Sie das Leben lieben, genauso unvollkommen, wie es nun einmal ist, werden Sie sich schnell davon überzeugen können, dass Sie ganz und gar nicht unsichtbar sind! Weder für Ihre Lieben zu Hause noch beim Einkaufsbummel in der Stadt. Sie könnten ja auch mal jemanden anlächeln, oder fällt ihnen da ein Zacken aus der Krone? Wenn Sie hingegen mit einer mürrischen Miene herumlaufen, bloß weil sie kein verzogener Teenager mehr sein dürfen, dann sollten Sie auch lieber unsichtbar bleiben, bis auch dieser Anfall vorbei ist.

Wir sind vierzig Jahre alt und jung. Wir sind schön, ohne makellos oder perfekt zu sein. Auf jeden Fall sind wir heute schöner als morgen – oder etwa nicht? Wir mögen unseren Körper – und das ist schon der erste Schritt dazu, dass ihn jemand liebt. Wir wissen, was wir nicht mehr wollen: hastigen, anspruchslosen Sex. Wir sind fröhlich, ohne albern zu sein. Wir sind ein wenig gescheiter geworden. Uns interessiert nicht mehr nur unser eigenes kostbares Ego oder bloß der schöne Peter, der sich seinerseits auch nur für sich selbst interessiert hat.

Wir wissen, dass viel auf uns wartet – nicht: *noch* auf uns wartet. Wir bleiben jung, nicht weil wir jung aussehen, sondern weil wir teilnehmen und nicht im Selbstmitleid einstiger Schönheiten versauern. Wir sind mutig, wohl wissend, dass wir den Mut brauchen, und dabei ist der Blick in den Spiegel noch gar nicht gemeint. Wir wissen um die Kostbarkeit der Zeit und der Liebe – und deshalb pusten wir jetzt auf einen Sitz die Kerzen aus und lassen das Gejammer sein. Einfach bleiben lassen. Wie wär's stattdessen damit? Freuen. Weinen. Lachen. Kämpfen. Lieben.

Leben halt.